Gunther Moll · Ralph Dawirs · Svenja Niescken
»Hallo – hier spricht mein Gehirn«

Gunther Moll · Ralph Dawirs · Svenja Niescken

Hallo – hier spricht mein Gehirn

Eine Entdeckungsreise von der Zeugung
bis zum Schulanfang

Mit Illustrationen von Eva Wagendristel

Für Benjamin, Charlotte, Dustin, Hugo,
Kim-Elena, Stella und
alle anderen Kinder auf dieser Welt

www.beltz.de

4. Auflage 2011

© 2006 Beltz Verlag · Weinheim und Basel
Umschlaggestaltung: Federico Luci, Odenthal
Umschlagillustration: Eva Wagendristel, Berlin
Satz: WMTP, Birkenau
Druck und Bindung: Beltz Druckpartner, Hemsbach
Printed in Germany

ISBN 978-3-407-85895-5

Inhalt

Hallo, ihr da

Ich weiß, ich bin früh dran. Aber ich möchte sichergehen, dass ihr den Anfang nicht verpasst. Denn der Anfang ist ganz wichtig. Wenn ihr den verpasst, dann ist es wie im Kino: Ihr könnt den ganzen Film nicht richtig verstehen. Vielleicht denkt ihr jetzt: Hoppla, was will der denn schon so früh, der kommt doch erst in neun Monaten. Bitte tut mir das nicht an. Schaut genau hin. Ich bin doch schon da. Glaubt ihr wirklich noch, dass ich erst mit der Geburt zur Welt komme?

Ihr werdet feststellen, dass auf meiner Reise zu euch nichts »einfach so passiert« und nichts selbstverständlich ist. Manchmal passieren ganz schön abenteuerliche Dinge. Es wird ein Drahtseilakt ohne Netz und ohne Garantie auf einen erfolgreichen Abschluss. Und das Aufregende ist, dass ich selber keine Ahnung habe, wie meine Geschichte ausgehen wird. Vielleicht geht es mir ja so ähnlich, wie Kolumbus, der auf dem Seeweg in westlicher Richtung Indien erreichen wollte und dabei, ohne es zu wissen, Amerika entdeckte.

Nur eines ist sicher: Ihr bestimmt entscheidend mit, was aus mir werden wird. Insofern seid ihr also schon jetzt mit von der Partie, ob ihr wollt oder nicht.

Doch halt, fast hätte ich es vergessen. Bei allen Ungewissheiten meiner Geschichte ist doch eins ganz sicher: Sie wird in wesentlichen Teilen von meinem Gehirn mit seinem Nervensystem mitgeschrieben.

Graue Eminenz

Nicht, dass ich mein Gehirn ganz begreifen könnte. Aber ich bin doch mächtig beeindruckt. Manchmal habe ich sogar das Gefühl, dass mein Gehirn so etwas wie ein verkanntes Genie ist. Es scheint die Öffentlichkeit zu scheuen und agiert viel lieber im Hintergrund, als »graue Eminenz« sozusagen. Jeder profitiert von seinem Gehirn, doch nur wenige zollen ihm den nötigen Respekt. Etwas Imagepflege ist also dringend erforderlich.

Bei Niere, Leber, Lunge oder Magen ist jedem mehr oder weniger klar, wofür sie eigentlich genau zuständig sind. Wir sagen schon mal: »Das ist mir aber auf den Magen geschlagen« oder »Das ging mir so richtig zu Herzen«, wenn wir doch eigentlich meinen, dass uns etwas bedrückt beziehungsweise berührt hat. Beim Gehirn und dem Nervensystem sieht das schon anders aus. Ein Grund für diese Unsicherheit liegt darin, dass das Gehirn offenbar überall seine Finger im Spiel hat, ohne dass man es so recht mitbekommt. Wenn wir uns zum Beispiel in den Finger schneiden, so entsteht der Schmerz im Gehirn und wird dort auch wahrgenommen, obwohl wir doch meinen, dass unser Finger wehtut. Wir denken eben weniger über unser Gehirn nach als über dessen Wirkungen. Aus diesem Grund ist die Philosophie auch so viel älter als die Hirnforschung. Heute wissen wir natürlich, dass Gefühle nicht im Magen oder im Herzen entstehen, aber es klingt doch immer noch irgendwie vertrauter, von »Herzensangelegenheiten« als von »Gehirnangelegenheiten« zu sprechen. Im weitesten Sinne wird das Gehirn auch als »Organ der Seele« bezeichnet, wobei unsere Wahrnehmungen, Gefühle und Gedanken sowie unser Verhalten insgesamt immer an bestimmte Hirnstrukturen und Hirnfunktionen gekoppelt sind.

Zum Beispiel beruht unsere Fähigkeit, mit anderen Menschen respekt- und liebevoll umzugehen, unter anderem auf einer entsprechend angepassten Entwicklung des sogenannten Mandelkerns. Dieser Kern ist eine Art Gefühlsmanager und für unsere emotionalen Reaktionen zuständig. Ohne ihn wäre unser Leben aber nicht nur eintönig, sondern auch gefährlich. Der Mandelkern übernimmt nämlich zum einen die Funktion einer Alarmanlage, die alle Signale aus den Wahrnehmungsarealen des Gehirns bewertet. Bei Gefahr lässt uns der Mandelkern blitzschnell mit Angriffs- oder Fluchtverhalten reagieren. Da ihm dieser Job offenbar nicht reicht, pflegt er außerdem intensive Kontakte zu fast allen anderen Gehirnregionen und arbeitet als eine Art Sekretär im Vorzimmer des Gedächtnisses. Hierbei überprüft er alle eingehenden Signale auf ihre emotionale Bedeutung. Werden Signale als bedeutsam eingestuft, so verhilft ihnen der Mandelkern zu einer Stelle im Langzeitgedächtnis. Andernfalls werden sie wieder hinausgeworfen. Der Mandelkern wird in meinem Gehirn also einmal eine ganz wichtige Rolle spielen. Er wird sicherstellen, dass ich mich in meinen späteren sozialen und gesellschaftlichen Beziehungen in jeder Hinsicht vorteilhaft verhalten kann. Das wird sich aber auf keinen Fall einfach so einstellen. Da müssen sich bestimmte Netzwerke im Gehirn, von denen später noch die Rede sein wird, erst einmal richtig entwickeln.

Jetzt stehe ich noch ganz am Anfang und mein Gehirn muss sich erst noch – ganz rasant – entwickeln. Die Tatsache, dass wir uns überhaupt in irgendeiner Weise verhalten können, ist daran gebunden, dass unser Gehirn im Laufe seiner Entwicklung bestimmte Strukturen anlegt, um darüber dann bestimmte Funktionen aufnehmen zu können.

Dies geschieht bei jedem Menschen auf eine ganz persönliche und einmalige Weise neu. Die Entwicklung unseres Gehirns hängt aber nun in entscheidender Weise von Signalen aus der Umwelt ab. Hierdurch wird die Möglichkeit geschaffen, alle unsere Fähigkeiten früh an die besonderen Ansprüche unserer Umwelten anzupassen. Es handelt sich dabei um eine ganz grundlegende und überaus pfiffige Strategie, die im Wesentlichen den Erfolg unserer Menschheitsentwicklung ausmacht und zugleich für die vielfältigen individuellen Unterschiede der menschlichen Persönlichkeiten verantwortlich ist. Bei der Gehirnentwicklung fällt also nichts einfach so vom Himmel. Das heißt doch wohl, dass ich in meiner bevorstehenden Entwicklung viele Chancen erhalten werde, die ich dann aber auch nutzen muss. Auf der anderen Seite werde ich aber auch Risiken ausgesetzt sein und ich frage mich, ob mir wohl immer zum richtigen Zeitpunkt die richtigen Signale für eine optimale Entwicklung zur Verfügung gestellt werden. Da hoffe ich sehr auf euch.

ICH bin da!

Mama trägt mich schon seit ihrer Geburt als unreife Eizelle mit sich herum. Wir kennen uns also schon ewig. Mein Papa kam dagegen erst vor kurzem ins Spiel. Seitdem darf ich mich übrigens auch ICH nennen. Genau in dem Moment, als Papas Samenzelle auf Mamas Eizelle traf, bin ich geboren worden. Seitdem bin ich eine eigene Person, zwar noch klein, sehr verletzlich und völlig abhängig von Mama, aber eben doch eine eigene Person. Deshalb bin ich hier zwar zu Hause, aber eigentlich doch mehr als Gast. Inzwischen habe ich angefangen mich zu teilen und zu teilen und zu teilen … So ist aus mir schon ein ganz ansehnliches Zellhäufchen geworden und ich muss mich jetzt nach einer geeigneten Unterkunft für die kommenden Monate umsehen. Denn meine Vorräte aus der Zeit als Eizelle gehen bald zu Ende.

Es hat eine ganze Woche gedauert, bis ich endlich eine annehmbare Wohnung gefunden habe. Dort habe ich mich niedergelassen, in der Schleimhaut eingenistet und Mamas Blutkreislauf angezapft. Offensichtlich hat bislang immer noch keiner eine Ahnung davon, dass ich jetzt hier wohne – aber immerhin stimmt die Verpflegung.

Ich heiße jetzt übrigens »Embryo«, und mein Hauptjob besteht darin, dafür zu sorgen, dass alle meine Organe zur richtigen Zeit am richtigen Platz angelegt werden, und jeden Tag gigantisch zu wachsen.

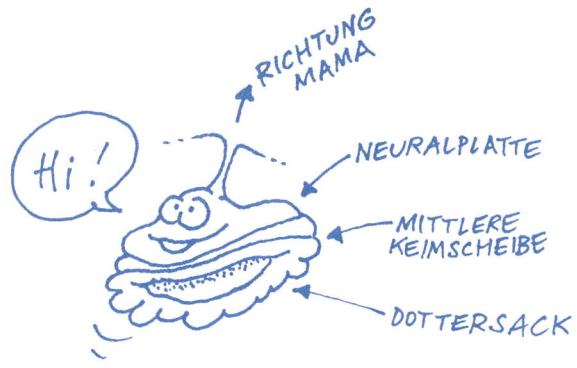

Ein starker Auftritt

Bis zum Ende meiner zweiten Woche war ich nichts weiter als eine wenig spektakuläre zweiblättrige Keimscheibe. Jetzt in meiner dritten Lebenswoche bildet sich auf meiner Oberflächenschicht die Anlage meines Zentralnervensystems – später wird sich daraus mein komplettes Nervensystem einschließlich meines Gehirns entwickeln. Interessanterweise entsteht diese »Neuralplatte« nicht einfach von selbst, sondern in intensiver Zusammenarbeit mit anderen Zellen an meiner Oberfläche, die in großer Zahl in mein Inneres abgewandert sind. Dort haben sie sich von hinten nach vorne zwischen meine obere Außenschicht – meine spätere Neuralplatte – und meinen Dottersack – meinen späteren Darm – gedrängt und bilden jetzt meine dritte – die mittlere – Keimschicht. Aus dieser werden sich später unter anderem meine Muskulatur und meine Skelettknochen entwickeln. Kaum angekommen, beginnen sie Kontakt zur oberen Keimschicht aufzunehmen und diese zu überzeugen, sich von jetzt an zu meinem Nervensystem zu entwickeln. In gewisser Weise habe ich somit meine eigene Entwicklung in Gang gebracht. Forscher nennen diesen Vorgang »Induktion« und können bereits einzelne Stoffe aufzählen, die hierbei eine Rolle spielen. Später werde ich dann feststellen, dass solche Induktionsprozesse immer wieder an den verschiedensten Stellen stattfinden. Es ist unmöglich, hier den Überblick zu behalten. Eins ist mir jedoch klar geworden, nämlich, dass immer der jeweils nächste Schritt in meiner Entwicklung die notwendige Voraussetzung für den dann folgenden Schritt ist und ständig Entscheidungen anstehen, in welche Richtung es nun mit mir weitergehen soll. Ich bin wirklich ganz gespannt, wohin das noch alles führen wird.

Die nächste Überraschung lässt auch nicht lange auf sich warten. Denn jetzt formt sich meine frisch erworbene Neuralplatte zu einer Art Rinne, gräbt sich tief in meinen Körper ein und verschließt sich wie mit zwei entgegengesetzten Reißverschlüssen von der Mitte her nach vorn und hinten zu einem Rohr. Dieses abgetauchte sogenannte Neuralrohr wird seine rohrförmige Gestalt in Form meines späteren Rückenmarks zeitlebens beibehalten. Zugleich entwickeln sich nun auch mein Herz und die gemeinsame Nabelschnur von Mama und mir. Schließlich nützt mir das schönste Neuralrohr nichts, wenn die Ernährung nicht stimmt.

Ich bin jetzt schon beinahe vier Wochen alt. So langsam wird es Zeit für mein Gehirn und meine wichtigsten Kopfsinnesorgane wie Augen und Ohren. Immerhin bin ich inzwischen von der Keimscheibe zum Embryo aufgestiegen und in der kommenden Woche sollen sich dann ja angeblich schon meine Arme und Beine, Hände und Füße ausbilden.

Bevor sich mein neu erworbenes Neuralrohr nun vorne und hinten endgültig verschließt, entstehen an seinem vorderen Ende, der Stelle meines späteren Kopfes, drei große Bläschen. Diese sogenannten »Hirnbläschen« sind die ersten sichtbaren Stadien meines Gehirns. Hinten das Rautenhirn, dann das Mittelhirn und schließlich das Vorderhirn.

Kurz danach zeigen sich an meinem vorderen Hirnbläschen zwei Ausstülpungen. Was daraus einmal werden soll, könnt ihr euch vielleicht denken: Meine Augen! Inzwischen bin ich gerade mal fünf Wochen alt und mein Gehirn macht jetzt richtige Sprünge. Vor meinen beiden seitlich auswachsenden Augenbechern entstehen jetzt nämlich die jeweiligen Anlagen für meine linke und rechte Großhirnhälfte, die zusammen als Großhirn bezeichnet werden. Der Rest des Vorderhirns – einschließlich meiner Augenbecher – wird zum sogenannten Zwischenhirn. Gleichzeitig entwickelt sich der hintere Teil meines Gehirns (Rautenhirn) in das Hinterhirn und das nachgeschaltete verlängerte Rückenmark. Ein bedeutender Teil des Hinterhirns wird später mein Kleinhirn sein.

Mein Gehirn mit seinen verschiedenen Anlagen ist also schon jetzt gut erkennbar. Gerade erst entwickelt, nimmt mein Kopf mit meinem Gehirn übrigens schon die Hälfte (!) meiner gesamten Körpergröße ein. Mein von außen ebenfalls gut sichtbares Neuralrohr mit seinem flüssigkeitsgefüllten Innenraum bleibt mir als Zentralkanal ein Leben lang erhalten. Im Bereich meines Kopfes wird er sich später zu den Hohlräumen der Hirnbläschen erweitern.

Ich werde Milliardär

Dieser Zentralkanal oder, besser gesagt, die Zellschicht, die meinen Zentralkanal auskleidet, hat es nun aber wirklich in sich. Dort liegt nämlich die Produktionsstätte meiner Nervenzellen, welche die kleinsten Bau- und Funktionseinheiten meines Gehirns sind. Hier befinden sich also meine Stammzellen, aus denen fast alle meine Nervenzellen entstehen werden.

Bereits vor zwei Wochen, ich war damals gerade drei Wochen alt, fingen diese Zellen an, sich wie wild zu teilen. Inzwischen bringe ich es auf durchschnittlich satte 500.000 (eine halbe Million) neue Nervenzellen pro Minute (!!!). Das bedeutet rund 720 Millionen neue Nervenzellen am Tag. Wahnsinn, oder? Ich verstehe nur, ehrlich gesagt, die ganze Hektik nicht. Schließlich habe ich doch jede Menge Zeit. Es bleiben mir acht Monate bis zur Geburt und dann noch mein ganzes Leben da draußen. Warum bloß diese Eile? Die Geburt meiner Nervenzellen wird übrigens Neurogenese genannt und ist erstaunlicherweise nach der Hälfte meiner Zeit hier drinnen bereits abgeschlossen. Mit 4½ Monaten besitze ich dann unvorstellbare hundert Milliarden Nervenzellen (in Zahlen: 100.000.000.000), mit denen ich allerdings mein ganzes weiteres Leben auskommen muss. Von wenigen Ausnahmen abgesehen, kommen nämlich keine neuen Nervenzellen mehr dazu.

So weit, so gut. Fragt sich nur, wozu ich diese ganzen Zellen überhaupt brauche. Eigentlich sind es auch noch keine richtig ausgebildeten Nervenzellen, sondern eher eine Art kleine Vorläuferzellen. Was passiert, wenn sie erst einmal ausgewachsen sind? Während ich noch über die Hektik der Neurogenese und den Sinn oder Unsinn von hundert Milliarden Nervenzellen nachdenke und wie ich sie alle in meinem Gehirn unterbringen soll, wenn sie erst einmal groß sind, löst sich ein Teil dieser Fragen von selbst.

Als hätten sie das Unterbringungsproblem erkannt, beginnen die frischgebackenen Nervenzellen auszuwandern und sich an den verschiedensten Stellen niederzulassen. Diese Wanderschaft wird auch »Migration« genannt und findet nur einmal in dem langen Leben einer Nervenzelle statt. Schlauerweise dann, wenn sie noch klein und leicht ist. Inzwischen weiß man, dass Nährstoff- und/oder Sauerstoffmangel, bestimmte Infektionen sowie verschiedenste Giftstoffe diese Wanderungen beeinträchtigen können. In bestimmten Fällen kann das später dann sogar zu psychischen Störungen führen. Die genauen Umstände dieser für die Gehirnentwicklung so wichtigen Zellwanderungen sind aber immer noch ein großes Rätsel.

Haben meine Nervenvorläuferzellen ihren Bestimmungsort erreicht, beginnen sie sich äußerlich stark zu verändern. Sie bilden eine Vielzahl baumartig verästelter Strukturen aus (Dendriten) und an einer bestimmten Stelle einen langen dünnen Fortsatz (Axon), der sich am Ende

sehr stark verzweigen kann. Dabei nehmen meine Nervenzellen unterschiedlichste Formen und Größen an.

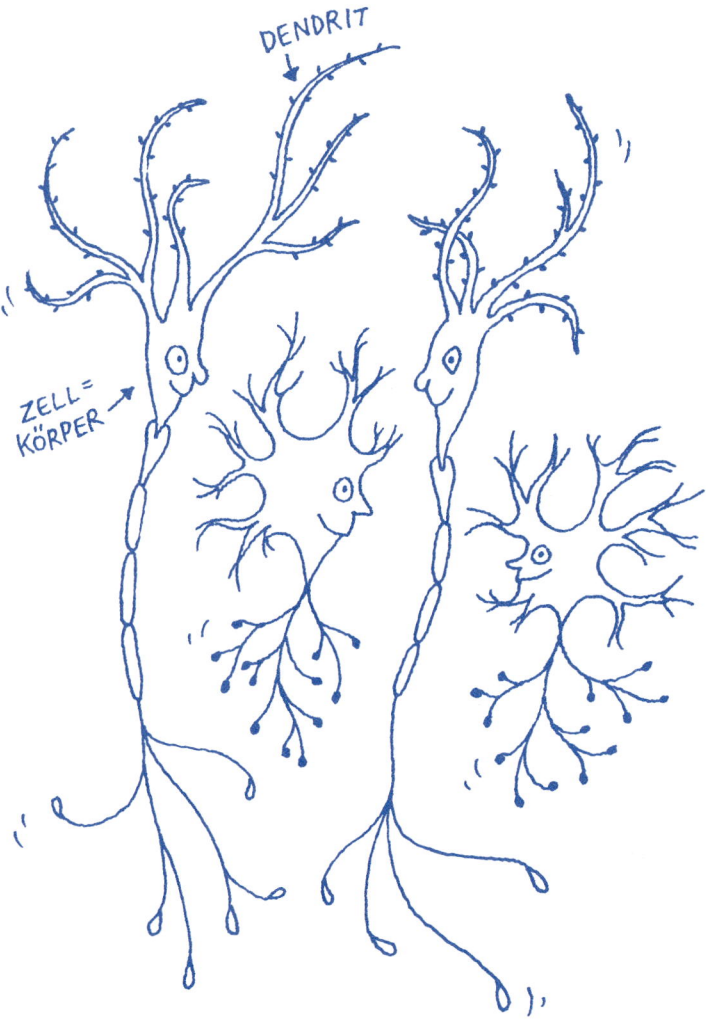

Fast fertig

Ich bin jetzt acht Wochen alt und sehe fast aus wie ihr. Na gut, ein bisschen kleiner halt. Aber inzwischen sind alle meine Organe, wofür ich die auch immer brauchen werde, angelegt. Damit hätte ich meine erste kritische Entwicklungsphase, in der ich besonders empfindlich auf alle möglichen schädigenden Substanzen reagiere, erfolgreich hinter mir gelassen.

Das ist durchaus nicht selbstverständlich, es hätte vieles schief gehen können. Bestimmte Substanzen, in diesem Fall Giftstoffe, hätten unter Umständen zu Entwicklungsstörungen führen können, an denen ich möglicherweise mein Leben lang herumlaboriert hätte. Ich besitze nämlich meinen ganz privaten »Chemiebaukasten«, mit einem kompletten Vorrat an Signalstoffen. Der sorgt dafür, dass alles zur richtigen Zeit am richtigen Ort entsteht und wächst. Solange es von außen keine Störungen gibt, entwickelt sich das in den allermeisten Fällen wie von selbst und wird aus diesem Grund auch »Selbstorganisationsprozess« genannt.

Inzwischen weiß meine Mama natürlich längst, dass ich hier drinnen stecke. Seitdem hat sie tapfer das Rauchen und Weintrinken eingestellt. Am Anfang ist ihr das ganz schön schwer gefallen. Papa übrigens auch, der aus Solidarität mehr oder weniger freiwillig mitmacht. Aber zum Glück scheinen beide zu wissen, dass sie für die nächsten Monate besser die Finger davon lassen.

Zurzeit beschäftigt meine Mama jedoch ein ganz anderes Problem: Sie hat nämlich keinen blassen Schimmer, welche Medikamente sie überhaupt noch nehmen darf und welche nicht. Offenbar bekommt sie dauernd widersprüchliche Informationen, welche pflanzlichen, tierischen oder synthetischen Stoffe für mich schädlich sein könnten. Da meine Mama ziemlich viel zu tun hat, will sie aber nicht den halben Tag »abwechselnd heulend und auf dem Klo verbringen«, was ich gut verstehen kann. Wenn sie schlechte Laune hat, macht sie mich auch schon mal für ihre Misere verantwortlich. Angeblich leidet sie erst, seit ich da bin, unter Übelkeit, Bluthochdruck, Stimmungsschwankungen, Schlafproblemen, Sodbrennen und Pilzinfektionen. Gegen diese Anschuldigungen möchte ich aufs Schärfste protestieren. Ich mache doch gar nichts, außer hier drinnen friedlich vor mich hinzuwachsen!

Schließlich sind Mama und ich zusammen zu ihrem Frauenarzt gegangen, um diese Probleme zu besprechen. Der war sehr nett – auch wenn er ziemlich unangenehm auf Mamas Bauch herumgedrückt und mich dann auch noch mit einem Gummistöpsel durch die Bauchdecke hindurch untersucht und vermessen hat. Der Gummistöpsel macht übrigens ähnliche Geräusche wie die S-Bahn, mit der Mama und ich morgens zur Arbeit fahren. Zum Glück war wenigstens die Luft besser. Am Ende hat er Mama geraten, autogenes Training zu machen, weniger zu arbeiten (geht nicht, sagte Mama – muss gehen, sagte der Doc) und nicht mehr so viel Kaffee zu trinken. Darüber hinaus solle sie auf möglichst alle Medikamente verzichten, da sämtliche Fremdstoffe meine Entwicklung beeinträchtigen oder sogar gefährden können.

Mamas und meine gemeinsame Plazenta, so der Doc weiter, würde unerwünschte Stoffe zwar fleißig herausfiltern, aber neben Tabakqualm und Alkohol würden gerade auch Medikamente und deren Abbauprodukte ungehindert hindurchgelangen und die akribisch aufeinander abgestimmten Anweisungen meines »Chemiebaukastens« durcheinander bringen. Besonders empfindlich und somit besonders gefährdet ist übrigens mein Gehirn einschließlich meines Nervensystems. Aus diesem Grunde besitzt mein Gehirn noch einen zusätzlichen Filter, die sogenannte »Blut-Hirn-Schranke«. Das Problem ist aber, dass sich diese gerade erst im Aufbau befindet und noch nicht einsatzbereit ist. Und das wird bis zu meiner Geburt auch so bleiben.

Mögliche fatale Folgen beim Griff zur Tablettenschachtel liegen auf der Hand: Die verschiedensten Wirkstoffe und Gifte können über Mamas Blut in mein Blut gelangen und so direkt auf die Entwicklung meines Gehirns einwirken, zum Beispiel, indem sie sich als falsche Signalgeber in die Bauanleitungen meines Gehirns einschleichen.

Mamas Freundinnen, mit denen sie sich regelmäßig trifft, fanden die Aussagen von unserem Doc ein bisschen übertrieben. Zwei von ihnen hatten während der Schwangerschaft auch ab und zu mal »was genommen« und es hätte ihnen und ihrem Kind angeblich nicht geschadet. Mama haben die Hinweise unseres Arztes aber doch ein bisschen alarmiert und nach einer ausgiebigen Internetre-

23

cherche hat sie dann endgültig beschlossen, keine
Medikamente gegen ihre »Schwangerschafts-
beschwerden« zu nehmen und lieber ein
bisschen mehr zu leiden.

Grund zur Sorge

Körperliche Missbildungen kommen zum Glück nur sehr selten vor. Gerade neue Medikamente werden sehr sorgfältig daraufhin untersucht, ob sie bei ungeborenen Kindern möglicherweise zu entsprechenden Schädigungen führen können. Was ist nun aber, wenn bestimmte Medikamente nicht nur zu ganz offensichtlichen Missbildungen führen, sondern auch bewirken, dass sich meine Nervenzellnetze für immer verändern bzw. Störungen zurückbleiben? Schließlich werden Medikamente auf solche Wirkungen hin heutzutage noch gar nicht untersucht. Solche inneren »Missbildungen« meines Gehirns könnte man zunächst auch gar nicht sehen. Was ist, wenn etwa die berühmten Benzodiazepine, die Mamas Freundinnen während ihrer Schwangerschaften schon mal gegen Schlafstörungen genommen haben, die »Chemiebaukästen« in den Gehirnen ihrer Kinder so gestört haben, dass dadurch bestimmte Entwicklungschancen für immer verspielt wurden? Denn dazu sind diese und ähnliche Stoffe zweifelsohne in der Lage. Ich darf gar nicht daran denken und hoffe bloß, dass Mama weiterhin standhaft bleibt und keinen Quatsch macht.

Wachsen, wachsen, wachsen

Seit meinem 85. Tag hier im Bauch heiße ich übrigens
»Fötus«, was zugegeben auch nicht besser klingt als »Embryo«. Mein neuer Name bedeutet: Alles ist da und muss
jetzt nur noch wachsen. Übrigens bin ich schon 5 cm groß
und wiege stattliche 10 Gramm.

Hier drinnen ist Mama ja mein Hauptsponsor. Und
wenn ihr nicht gerade schlecht ist, klappt das mit der Nahrungszufuhr auch wirklich gut. Allerdings beschwert sie
sich dauernd über ihre »Elefantentaille« und dass ihre
Hüfthosen schon jetzt nicht mehr passen würden. Ich
fürchte, dass sie damit in den nächsten Monaten wohl leben muss. Ich bin wild entschlossen, bei meiner Geburt
mindestens 3.000 Gramm auf die Waage zu bringen, also
gut das Dreihundertfache meines jetzigen Gewichts. Arme
Mama. Aber vielleicht sind ja in ein paar Monaten zufällig
weite Ponchos oder bequeme Overalls mit viel Platz für
Bauch »in«?

Die Elefantentaille ist übrigens nicht unser einziges Problem: Ich finde, dass Mama zu viel arbeitet. Damit ihre
Chefin und ihre Kollegen ihr die Schwangerschaft möglichst wenig anmerken, schuftet sie noch mehr und noch
länger als sonst. Sie steht morgens sehr früh auf, kippt

schnell einen Kaffee runter und sprintet ins Büro, wo sie sich mit Kunden und Meetings ärgern muss. Dann schießt ihr Blutdruck nach oben, ihre Atmung wird flacher und ihre Stimme schriller. Wenn wir abends nach Hause kommen, ist Mama meist gereizt und streitet sich öfters mit Papa, was ihr anschließend wieder Leid tut.

Ich will jetzt nicht schon wieder von mir anfangen. Aber ich finde, dass Mama uns damit keinen Gefallen tut. Bei unserem letzten Arztbesuch hat sich unser Doc dann auch ziemlich aufgeregt. Er hatte nämlich gerade einen interessanten Artikel über die möglichen negativen Auswirkungen von mütterlichem Stress in der Schwangerschaft auf die Gehirnentwicklung des Ungeborenen gelesen und Mama gefragt, ob dieser ganze Stress denn wirklich sein müsse? Wenn das so weiterginge, würde Mama darüber hinaus vielleicht vorzeitige Wehen bekommen und bis zum Ende der Schwangerschaft liegen müssen (an dieser Stelle hat Mama hörbar geschluckt).

Hauptsache, gute Kontakte

Die Hälfte meiner Zeit hier drinnen ist um, und ich weiß inzwischen, warum es bei der Herstellung meiner 100 Milliarden Nervenzellen so hektisch zuging und die Vorläuferzellen dann so schnell auf Wanderschaft gehen mussten. Kaum an ihrem Ziel angekommen, beginnen meine Nervenzellen nämlich miteinander Kontakt aufzunehmen. Jetzt dämmert es mir auch, weshalb ich mich mit der Produktion dieser Zellen so wahnsinnig beeilen musste. Diese Kontaktaufnahmen, der wesentlichste Vorgang bei der Entwicklung meines Gehirns, braucht offensichtlich ganz viel Zeit und wird mein Gehirn wohl noch über Jahre hinweg beschäftigen.

Die Kontaktstellen zwischen zwei oder mehreren Nervenzellen werden Synapsen genannt, der ganze Verschaltungsvorgang heißt daher »Synaptogenese«. Mit Hilfe dieser Synapsen, an deren Entstehung sich die jeweils kontaktsuchenden Zellen beteiligen, werden Signale von einer Nervenzelle zur anderen übertragen. Das funktioniert folgendermaßen: Ein Signal wandert von der Nervenzelle über das »Axon« (den Fortsatz der Nervenzelle) bis zu dem sich ganz am Ende befindlichen »Endknöpfchen«. Von dort wird es auf ein »Dendritenästchen« einer zweiten Nervenzelle übertragen. Diese sogenannte nachgeschaltete Nervenzelle empfängt das Signal, das dann in irgendeiner Form verarbeitet wird beziehungsweise den Zustand der nachgeschalteten Nervenzelle beeinflusst.

Lange Zeit dachte man, dass die Synapsen ein Leben lang unverändert bestehen bleiben. Inzwischen hat sich jedoch herausgestellt, dass sie ein hohes Maß an Anpassungs- und Veränderungsfähigkeit zeigen und ständig um-, ab- und neu aufgebaut werden. Eine entscheidende Rolle spielen dabei die Aktivitäten der beteiligten Nervenzellen. Auf diese Weise gelingt es dem Gehirn zum Beispiel, frühe Erfahrungen in entsprechend angepasste Netzwerke von Nervenzellen umzusetzen. Insofern passt sich das Gehirn ständig den Anforderungen an, die an seinen Besitzer gestellt werden. Übrigens auch dann, wenn dieser längst pensioniert ist.

Ich beginne jetzt zu ahnen, dass es in meinem Gehirn hauptsächlich um Kommunikation geht. Dabei ist der Aufbau, Erhalt und Umbau der Kommunikationsnetze in meinem Gehirn der zentrale und wichtigste Prozess meiner Gehirnentwicklung. Hier stecken wieder einmal unglaubliche

Möglichkeiten, aber auch viele Gefahren. Alles muss richtig und passend miteinander verschaltet werden, und es dürfen, wenn überhaupt, nur wenige Fehler passieren. Da

brauche ich jetzt bitte Zeit und möchte nicht gehetzt oder unter Druck gesetzt werden. Am allerwenigsten kann ich jetzt Störungen – zum Beispiel chemische Signale von außen – gebrauchen. Zum Glück hat sich Mama inzwischen vollständig an ihre rauch-, alkohol- und medikamentenfreie Phase gewöhnt.

Über etwas zerbreche ich mir jedoch immer noch den Kopf: Wie kann es sein, dass ich bereits jetzt über alle meine Nervenzellen verfüge, obwohl mein Gehirn verglichen mit eurem doch noch so viel kleiner ist? Und wie lässt es sich erklären, dass ihr viel mehr könnt und wisst als ich, obwohl ihr wesentlich weniger Nervenzellen und Verknüpfungen dazwischen besitzt?

Ich vermute einmal, das hängt irgendwie mit den jetzt erst richtig anlaufenden äußerst dynamischen und komplexen Auf- und Umbauprozessen in meinem Gehirn zusammen. Diese Baumaßnahmen finden übrigens nicht alle gleichzeitig statt, sondern werden zeitversetzt durchgeführt. Die ersten Synapsen im Rückenmark werden schon in meiner siebten Lebenswoche gebildet, während die Synapsenbildung in meiner Großhirnrinde das Schlusslicht darstellt.

Um noch einmal die Dimensionen zu verdeutlichen: Allein in meiner Großhirnrinde, die nur circa zwei bis drei Millimeter dick sein wird, müssen über 10 Milliarden Nervenzellen verschaltet werden. Und jede meiner Nervenzellen nimmt im Schnitt Kontakt mit 10.000 bis 15.000 anderen Nervenzellen auf, die entweder ebenfalls in der Großhirnrinde oder in anderen Gehirnregionen stationiert sind. Das bedeutet: 10.000 bis 15.000 neue Anschlüsse für 100 Milliarden neue Mitbewohner. Da muss gleichzeitig eine gigantische Menge von Strippen gezogen werden. Eine unvorstellbar große Menge. Wie lange wird das wohl dauern?

Obwohl ich in einer einzigen Sekunde immerhin rund 2 Millionen neue Kontakte herstelle, werde ich mit diesen ganzen Verschaltungen bis zu meiner Geburt in keinem Fall fertig. Ersten Schätzungen zufolge werde ich mit meinem Synapsenaufbau mindestens bis zu meinem zweiten Lebensjahr beschäftigt sein. Zudem habe ich gerade auch ein massives Platzproblem: Ich weiß gar nicht, wo ich mit diesen ganzen Verschaltungen noch hinsoll. Zum Glück sind meine Nervenzellen mal wieder einen Schritt weiter und sorgen selber für Platz: Ihre anfangs eher mickrigen Dendriten wachsen zu beachtlichen Baumkronen, die Platz für alle kontaktsuchenden Ausläufer anderer Nervenzellen bieten. Entsprechend wächst natürlich auch mein Gehirn und bekommt so langsam die charakteristische Gehirnform, die ihr bestimmt schon mal gesehen habt.

Eine ganz besondere Strategie

Vielleicht stellt ihr euch das mit der Gehirnentwicklung so ähnlich wie beim Hausbau vor. Zuerst wird geplant: Es wird überlegt, wo das Haus stehen soll, wie viele Zimmer es haben und vielleicht auch welches Baumaterial verwendet werden soll. Dann wird sinnvollerweise ein Architekt mit der professionellen Planung beauftragt. Er klärt ab, welche Wünsche und Vorstellungen sich möglichst kostengünstig umsetzen lassen, und entwirft auf dieser Basis einen konkreten Bauplan. Bei der Umsetzung des Bauplanes muss eine bestimmte Reihenfolge eingehalten werden, da die Arbeitsschritte mehr oder weniger aufeinander aufbauen: Mit dem Dach kann erst begonnen werden, nachdem das Fundament und die Wände vollständig stehen. Irgendwann ist das Haus schließlich bezugsfertig. Es wird noch geprüft, ob die Ergebnisse den gegenwärtig herrschenden gesetzlichen Anforderungen entsprechen. Gegebenenfalls muss noch nachgebessert werden. Erst dann steht der Einzug an.

Biologische Systeme und ganz besonders unser Gehirn entwickeln sich nun aber ganz anders. Es läuft eben nicht nach dem Prinzip der Fertigstellung durch Abarbeiten eines vorab festgelegten Plans, sondern nach dem Prinzip einer sich ständig den aktuellen Bedingungen und Erfordernissen anpassenden Entwicklung. Dabei gibt es weder klare Grenzen zwischen Planung und Ausführung noch einen Plan des fertigen Gehirns beziehungsweise des fertigen Menschen. Lange Zeit ging man davon aus, dass es einen in unseren Genen festgeschriebenen Entwurf gibt, den es dann nur noch umzusetzen gilt. Dagegen sprechen aber gleich drei Gründe:

1. Es ist gar nicht möglich,
2. es ist gar nicht nötig und
3. es wäre biologisch äußerst unklug.

Es ist gar nicht möglich, weil die verfügbaren etwa 28.000 menschlichen Gene nicht annähernd ausreichen, um den Aufbau und die möglichen Funktionen eines Gehirns vollständig zu beschreiben. Es ist auch gar nicht nötig, weil biologische Entwicklungsprozesse mit erstaunlich wenigen genetisch vorgegebenen Anweisungen auskommen. Unser Gehirn entwickelt sich nämlich in einem ständigen Abfrageprozess, bei dem unterschiedliche Signale aus dem Umfeld der entstehenden Nervenzellverbände deren weitere Entwicklung in eine jeweils ganz bestimmte Richtung lenken. Diese Entwicklungsergebnisse beeinflussen dann wiederum den weiteren Verlauf der Entwicklung. Konkret bedeutet das für jedes Gehirn die einmalige Chance, aber auch Notwendigkeit, sich den aus seiner Umwelt ausgesendeten Signalen entsprechend anzupassen und zu entwickeln. Auf diese Weise werden, was biologisch ziemlich klug ist, genau die Fertigkeiten und Fähigkeiten besonders gut entwickelt, die für den ganz individuellen Lebensraum wichtig und vorteilhaft sind. Andere verkümmern dagegen ein bisschen. Das Ganze nennt sich »strukturelle Kopplung« zwischen einem bestimmten Gehirn und seiner jeweiligen Umwelt und sorgt dafür, dass sich auch mein Gehirn optimal auf seine Aufgaben vorbereiten kann. Mich beruhigt diese Vorstellung ein bisschen. Denn woher soll ein Embryo oder Fötus wie ich schon wissen, was mich da draußen erwartet?

Diese spezielle Entwicklung biologischer Systeme hilft, das bekannte »Steckdosenphänomen« zu vermeiden. Trotz sorgfältiger Planung stellen viele Hausbesitzer beim Einzug oft fest, dass die Steckdosen grundsätzlich da sind, wo sie nicht gebraucht werden und dort fehlen, wo großer Bedarf herrscht. Die Lösung dieses Problems geht mit einem relativ großen handwerklichen Aufwand einher. Demgegenüber entwickeln biologische Systeme ihre Steckdosen praktischerweise jeweils dort, wo sie gerade benötigt werden. Ein biologisches Haus würde sich also immer den wechselnden Bedürfnissen seiner Bewohner anpassen.

Diese besondere Entwicklungsstrategie der strukturellen Kopplung birgt neben allen damit einhergehenden Vorteilen natürlich auch gewisse Risiken: Sollte ich als Kind beispielsweise vernachlässigt werden, so werden bestimmte Nervenzellverbindungen in den dafür vorgesehenen Zeiträumen nicht richtig oder nicht ausreichend angelegt beziehungsweise stabilisiert. Das könnte dann zum Beispiel bedeuten, dass ich als Kind und später als Erwachsener den Herausforderungen meines Lebens nicht gewachsen bin und sie somit nicht optimal bewältigen kann. Bei dem, was ich bislang von Mama und Papa mitbekommen habe, brauche ich mir da zum Glück nur wenig Sorgen zu machen. Oder?

Betrügerische Signale

Vielleicht könnt ihr jetzt noch besser verstehen, warum ich die Gespräche zwischen Mama und ihren Freundinnen über verschiedene Medikamente in der Schwangerschaft so bedrohlich und besorgniserregend fand. Schließlich müssen wir davon ausgehen, dass alle Wirkstoffe, die unsere psychischen Befindlichkeiten verändern, in irgendeiner Form auch die Aktivitäten unserer Nervenzellen beeinflussen. Andernfalls wären sie ja wirkungslos. Nun sind es aber gerade diese Aktivitäten, die ganz wesentlich am Aufbau der Nervenzellnetze in meinem Gehirn beteiligt sind. Mein Gehirn muss sich ja darauf verlassen können, dass die Aktivitäten aller an diesen Baumaßnahmen beteiligten Nervenzellen in irgendeiner Form den natürlichen Zustand meiner Umgebung widerspiegeln. Ich kann also nur hoffen, dass mein Gehirn in dieser frühen Phase nicht durch falsche Signale »betrogen« wird. Denn das hätte möglicherweise schlimme Folgen für die spätere Entwicklung meiner emotionalen und sozialen Fähigkeiten und somit meiner künftigen Chancen in der Gesellschaft überhaupt. Hier wird also in gewisser Weise schon knallhart vorsortiert.

Bitte nicht stören

Wie ihr jetzt wisst, bin ich hier drinnen ziemlich beschäftigt. Mama hat das offenbar noch gar nicht richtig mitbekommen. Zumindest scheint sie irgendwie zu glauben, ich würde mich langweilen und sie müsste ein bisschen für Abwechslung sorgen. Ihre Freundinnen haben sie schließlich auf die Idee gebracht, sich irgendwelche sündhaft teuren CDs zu kaufen, mit denen sie jetzt regelmäßig ihren Bauch – also MICH – beschallt. »Babytuning« heißt das und soll angeblich dafür sorgen, dass ich klüger, kreativer, musikalischer, schöner und was auch immer werde.

Ist bestimmt lieb gemeint. Aber um ehrlich zu sein, bin ich einfach nur genervt: Immerhin leiste ich hier drinnen Schwerstarbeit und verfüge außerdem auch noch gar nicht über die erforderlichen Verarbeitungssysteme im Gehirn, um irgendetwas mit diesem Lärm anfangen zu können. Papa hat da übrigens auch schon mehrfach berechtigten Zweifel angemeldet. Ich habe jedes Mal zustimmend gegen Mamas Bauch geklopft, was sie aber immer falsch interpretiert hat.

Also Mama, falls du das zufällig lesen solltest: Mit ein bisschen beruhigendem Geklimper à la Mozart bin ich voll einverstanden. Aber ansonsten: Schade ums Geld. Deine

Stimme und dein Herzschlag sind für mich die beste Unterhaltung, ich amüsiere mich hier drinnen ausgezeichnet und alles andere brauche ich wirklich erst später.

Von Spezialisten und Expertenteams

Die Zeiten, in denen mein Gehirn schlauchförmig und mit zunächst drei und dann fünf Hirnbläschen daherkam, sind längst vorbei. Inzwischen haben die gigantischen Vermehrungen und gegenseitigen Kontaktaufnahmen der Nervenzellen dafür gesorgt, dass in meinem Gehirn ganz schön die Post abgeht. Dabei sieht es so aus, dass die weiter hinten gelegenen Hirngebiete einen beachtlichen Entwicklungsvorsprung gegenüber meinen weiter vorne liegenden Regionen herausholen konnten. Außerdem fällt auf, dass sich in allen Regionen bestimmte Spezialisten herausbilden, die sich mit gleichgesinnten Kollegen zu einer Art Expertenteam (sogenannten »Kerngebieten«) zusammenschließen. Beispiele für solche spezialisierten Zellhaufen sind die »Basalganglien« oder der »Thalamus«.

Ich möchte eure Aufmerksamkeit jetzt aber mal auf die Anlagen meiner beiden Großhirnhälften lenken, die gerade ihren großen Auftritt haben. Schon in der vierten Woche haben sie begonnen, sich als Ausstülpungen meines noch ganz kleinen Vorderhirnbläschens zu entwickeln. Seitdem wachsen sie besitzergreifend nach vorne und hinten und bedecken zunehmend alle anderen Bereiche meines sich entwickelnden Gehirns. Ihr Platzbedarf ist wirklich enorm. Deshalb dauerte es auch nicht lange, bis mein Kopf für mein Großhirn eindeutig zu klein wurde. Etwa im Laufe meines vierten Lebensmonats stieß der hintere Teil meiner beiden Großhirnhälften dann definitiv an seine Grenzen. Daraufhin entschloss sich meine Großhirnanlage kurzerhand, so etwas wie eine zweite Etage einzuziehen. Sie wich der natürlichen Begrenzung im Wachstum einfach seitlich aus, um sich dann wieder nach vorne auszudehnen. Im Zuge dieser Entwicklung wurden andere Teile meiner zunächst noch oberflächlich gelegenen Großhirnrinde zunehmend bedeckt und nach innen verlagert. Auf diese Weise entstanden dann durch eine gleichzeitig nach vorne und hinten gerichtete bogenförmige Wachstumsbewegung meiner Großhirnrinde vier sogenannte Endhirnlappen: Der Stirnlappen, der Scheitellappen, der Schläfenlappen und der Hinterhauptslappen. Mit seinen fünf Monaten sieht mein Gehirn jetzt von der Seite betrachtet wie ein Paar seitenverkehrte Boxhandschuhe aus, wobei der linke Handschuh auf der rechten Seite liegt und andersherum.

Die Frage, wozu ich diese »Lappen« einmal brauchen werde, lässt sich ziemlich klar beantworten: Mein Hinterhauptslappen wird so gut wie ausschließlich für meine Augen zuständig sein. Genauer gesagt für die Verarbeitung der Signale, die er von meinen beiden Augen zukünftig erhalten wird. Meine Augen müssen eine sehr wichtige Rolle spielen, wenn sie einen eigenen Lappen und damit einen Großteil meiner Großhirnrinde zugewiesen bekommen. Ihr erinnert euch vielleicht, dass sie sich bereits sehr früh als linker und rechter Augenbecher aus meinem Vorderhirnbläschen ausgestülpt haben. Mein Hinterhauptslappen wird nun später einmal alle meine Seheindrücke so verarbeiten, dass ich mir ein Bild von meiner Umwelt machen kann. Die sogenannte Sehrinde meines Hinterhauptslappens, die mir dabei helfen wird, entwickelt sich übrigens nicht von allein. Ihre Entwicklung hängt vielmehr stark von den Signalen ab, die meine Augen wahrnehmen werden.

Sollte ich zum Beispiel bei meiner Geburt auf einem Auge stark schielen und nicht entsprechend von Augenärzten behandelt werden, so würde das für die weitere Entwicklung der Sehrinde und damit meiner zukünftigen Sehfähigkeit fatale Folgen haben. Aber dazu später mehr.

Mein Schläfenlappen ist der Teil des Gehirns, der zunächst nach hinten wachsend umgebogen wird, um sich erneut nach vorne zu schieben. Wenn alles gut geht, wird er dafür zuständig sein, meine Gefühlswelt und meine Gedächtnisfunktionen optimal zu regeln und zu verwalten. In seiner Spitze befindet sich übrigens der Mandelkern, von dem ich euch schon ganz am Anfang erzählt habe.

Der nach vorne ausgerichtete Stirnlappen wird später als mein sogenanntes Stirnhirn ein Viertel meiner gesamten Großhirnrinde einnehmen. Das schon jetzt enorm große Stirnhirn ist in dieser Form etwas wirklich Einmaliges. Lange Zeit wusste niemand so recht, wofür es eigentlich da ist. Zumindest ist keines unserer Sinnessysteme (Sehen, Hören, Fühlen, Riechen …) direkt damit verbunden. Einige Forscher dachten sogar, es sei eigentlich vollkommen überflüssig. Ich schätze, dass es mit meinem Stirnhirn eine ganz außerordentliche Bewandtnis hat und dass mir damit noch so manche Überraschung bevorsteht. Aber auch dazu später mehr.

Mein Scheitellappen liegt zwischen den anderen Lappen und pflegt zu allen dreien einen direkten Kontakt. Hier laufen im Wesentlichen alle anderen Sinnessysteme zusammen, von denen zum Beispiel mein Tastsinn und meine ganze Körperfühlsphäre von größter Bedeutung sind.

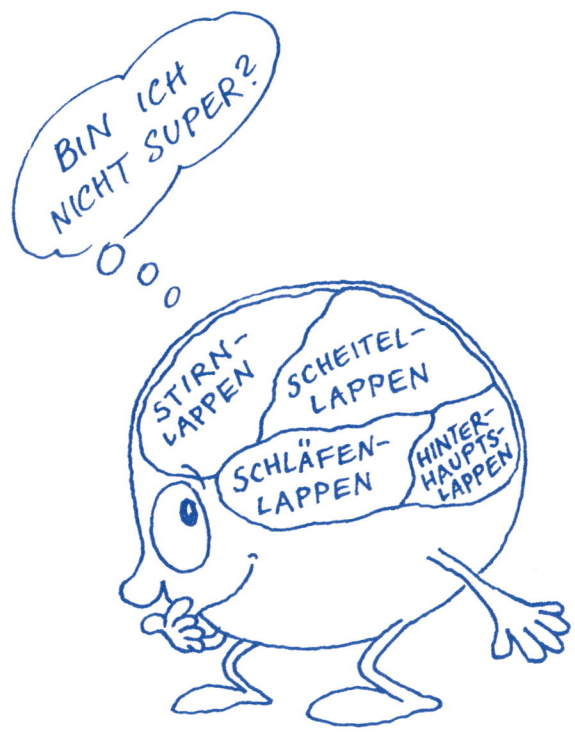

Blick in die Zukunft

Als sich bei mir im Rückenmark die ersten Verschaltungen zwischen meinen Nervenzellen gebildet hatten, ist mir etwas Merkwürdiges aufgefallen. Damals war ich gerade so fünf Wochen alt. Aber zu diesem Zeitpunkt ging es schon darum, Vorbereitungen für meinen späteren Hand- und Fußgebrauch zu treffen. Dazu werde ich sie natürlich erst einmal bewegen müssen. Damit mir das gelingt, brauche ich drei Dinge:

1. Das richtige Werkzeug: in diesem Fall meine Arme, Beine, Hände und Füße.
2. Einen Plan: Ich muss ein Konzept über den Ablauf meiner einzelnen Bewegungen haben.
3. Eine Vorstellung von meinem Ziel: Natürlich muss ich auch wissen, was ich mit meinen Bewegungen genau erreichen will und was damit bewirkt werden soll.

Dahinter stecken recht komplexe Abläufe. Es liegt aber auf der Hand, dass es zwischen dem, was ich spüre und erlebe, und dem, was ich mache und bewirke, noch irgendetwas geben muss, das diese beiden Qualitäten richtig miteinander verknüpft. Hirnforscher nennen diesen Vorgang »Assoziation«. Genau diese Fähigkeit zur Verknüpfung verschiedener Inhalte scheint eine der wesentlichen Aufgabe meines Stirnhirns zu sein. Allerdings wird es noch eine ganze Weile brauchen, bis mein Stirnhirn und ich das alles richtig können. Wir sind nämlich beide absolute Anfänger und müssen erst noch alles lernen.

Vorausschauende Planung

Bis es so weit ist, müssen noch eine ganze Menge Vorbereitungen getroffen werden. Ich war ebenfalls erst etwa fünf Wochen alt, als meine Nervenzellen im Rückenmark anfingen, Kontakte mit meinen Muskelzellen aufzunehmen. Diese Muskelzellen werden sich später zu Skelettmuskelzellen ausbilden, die dann zum Beispiel für meine Handbewegungen zuständig sind. Die Kontaktaufnahmen zwischen diesen dann sogenannten »motorischen Nervenzellen« und den dazugehörigen Muskeln beginnen also, lange bevor an so etwas wie eine Funktion, zum Beispiel Handbewegungen, überhaupt zu denken ist. Obwohl eine Nervenzelle zu diesem frühen Zeitpunkt eine Muskelzelle noch gar nicht erregen kann, brauchen beide den Kontakt, um sich entsprechend weiterentwickeln zu können. In gewisser Weise wird also die Voraussetzung zum Handbewegen geschaffen, bevor sich meine Hand überhaupt entwickelt hat. Das nenne ich vorausschauende Planung. Später kommt dann noch eine Komponente dazu, die mich sozusagen mit meiner Umwelt verkoppelt. Mit Hilfe sogenannter sensibler (empfindlicher) Nervenzellen kann ich dann den Spannungszustand einer Muskelzelle messen oder eine Berührung auf meiner Haut wahrnehmen und die entsprechenden Signale an meine motorischen Nervenzellen weiterreichen. Dadurch entsteht dann der erste sogenannte Reflex, der sich bei mir schon im Alter von drei Monaten ausgebildet hatte. Es dauerte dann allerdings noch eine ganze Weile, so ungefähr zwei Monate, bis auch Mama die ersten Bewegungen in ihrem Bauch wahrgenommen hat. Sie war ganz aufgeregt, als sie mich zum ersten Mal richtig spüren konnte. In diesem Moment war es ihr bestimmt ganz egal, dass es sich dabei nur um Reflexbewegungen handelte. Zwar sind meine Bewegungsreflexe die Grundlage für meine spätere zielgerichtete Bewegungsfähigkeit, aber bevor ich dazu imstande bin, muss ich erst noch die sich langsam einspielenden Bewegungsabläufe zu koordinieren und zu beherrschen lernen. Und genau dazu werde ich mein »drittes System« benötigen, das sich zwischen mein Fühlen und Tun schieben wird. Dieses System lässt sich mit seiner Entwicklung jedoch noch reichlich Zeit. Und ich könnte damit hier drinnen ja auch noch gar nichts anfangen.

Kleinhirn ganz groß

Inzwischen bin ich sechs Monate alt und mein Großhirn bedeckt schon fast alle meine anderen Gehirnabschnitte. Von außen könnt ihr also nur meine Großhirnrinde sehen. Dieser Teil meines Großhirns, der so gut wie alle seine Nervenzellen beherbergt, wird übrigens auch »Mantel« genannt.

Unter meinem Hinterhauptslappen hat sich aus dem oberen Teil des sogenannten Rautenhirns mein Kleinhirn entwickelt. Obwohl dieses kohlartige Gebilde zweifelsohne kleiner als mein imposantes Großhirn ist, klingt »Kleinhirn« meiner Meinung nach doch ein bisschen beleidigend. Immerhin handelt es sich hier um einen absoluten Spezialisten, auf den ich später keinesfalls verzichten kann und will. Als eine Art übergeordnetes Koordinationszentrum werden die Nervenzellsysteme meines Kleinhirns nämlich später für mich unbewusst alle meine Bewegungsabläufe steuern. Und zwar in enger Zusammenarbeit mit zentralen Teilen meiner Großhirnrinde und »tiefergelegten« Teilen des Vorderhirns, den sogenannten Basalganglien.

Ähnlich wie ein Mikroprozessor wird mein Kleinhirn dabei die unzähligen Einzelbewegungen beziehungsweise

Muskelaktivitäten eines bestimmten Bewegungsablaufes koordinieren. Je komplexer eine bestimmte Bewegung ist, umso mehr muss logischerweise mein Kleinhirn leisten. Um euch, und später auch mir, den Kopf für die übergeordneten Ziele meiner Bewegungsabläufe freizuhalten, versucht das Kleinhirn dabei so viele Abläufe wie irgend möglich zu automatisieren. Anders wären unsere komplexen Verhaltensweisen gar nicht möglich.

Was unser Kleinhirn da leistet, wird kein Computer der Welt je bewerkstelligen können. Das Erfolgsgeheimnis besteht nämlich darin, dass die Nervenzellsysteme unseres Kleinhirns ständig alle verfügbaren Informationen über das aktuelle Körperbefinden und die jeweilige Körperlage erhalten und auswerten. Gleichzeitig bekommen sie eine Kopie von allen geplanten Bewegungen aus dem Großhirn zur Verfügung gestellt. Das alles passiert automatisch, parallel und unglaublich schnell und kann nicht bewusst beeinflusst oder gar gesteuert werden.

Auf der Basis dieser Informationen berechnet das Kleinhirn fortwährend eine aktuelle Liste von möglichen Bewegungsabläufen, die sofort an alle betroffenen Systeme geschickt wird. Vor allem natürlich an das Großhirn. Diese ständigen Rückkoppelungen bewirken zum einen, dass ihr erst gar nicht wollt, was nicht geht (also nicht auf der Liste steht), und zum anderen, dass alle Bewegungsabläufe ständig überprüft und bei Bedarf entsprechend korrigiert beziehungsweise optimiert werden. Wie so oft wird einem die Bedeutung dieses Systems erst dann richtig bewusst, wenn es aus irgendwelchen Gründen, zum Beispiel durch einen Unfall oder eine Tumorerkrankung, nicht mehr richtig funktioniert. Die Betroffenen müssen dann sämtliche Bewegungsabläufe mühsam unter die Kontrolle der Großhirnrinde bringen. Allen Bemühungen zum Trotz bleiben die Bewegungen aber schwerfällig, ungeschickt und eingeschränkt.

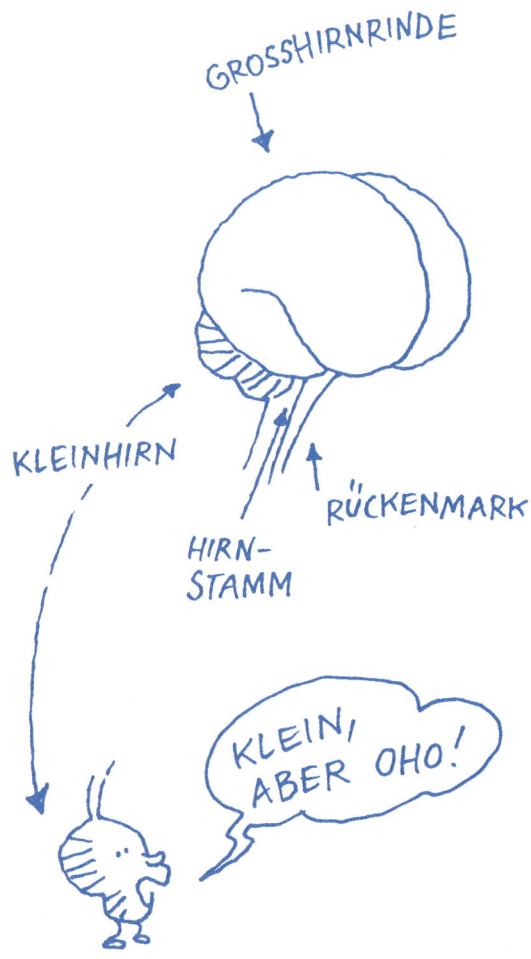

Platzprobleme

Mein Gehirn wächst inzwischen mit atemberaubender Geschwindigkeit weiter. Um sich ausreichend Platz zu schaffen, hat es ja bereits ein paar Umbaumaßnahmen in die Wege geleitet. Aber damit ist das Raumproblem noch immer nicht aus der Welt. Langsam beginnt sich scheinbar auch mein Gehirn ernsthafte Sorgen zu machen, zumindest verzieht es seine bis dahin glatte Oberfläche zu tiefen Furchen. Es dauert eine Weile, bis ich verstehe, dass es sich hierbei bereits um die Lösung unseres Problems handelt: Nämlich um das Prinzip der »raumnutzenden Oberflächenvergrößerung«. Mit seinen typischen Hirnwindungen und den dazwischenliegenden Furchen sieht mein Gehirn langsam richtig erwachsen aus. Gebt mir noch ein bisschen Zeit, und die walnussartige Oberfläche sieht aus wie bei euch, nur eben noch deutlich kleiner.

Wenn die drei verbleibenden Monate bis zu meiner Geburt um sind, soll mein Gehirn rund 400 Gramm auf die Waage bringen. Bis ich euer Gehirngewicht mit rund 1.400 Gramm erreicht habe, bleibt also noch einiges zu tun. Laut Plan werde ich mein Gehirngewicht aber bereits in den ersten elf Monaten draußen auf etwa 850 Gramm verdoppelt haben. Danach lasse ich es dann ein bisschen ruhiger angehen. Wenn ich drei Jahre alt bin, soll mein Gehirn etwa 1.100 Gramm wiegen. Bei meiner Einschulung habe ich euch dann fast eingeholt, aber erst mit etwa 15 Jahren ist mein Gehirn so schwer wie eures.

Nesthocker

Jetzt bin ich schon über sechs Monate alt und kann inzwischen sogar ganz gut hören. Zwar verstehe ich noch nichts, aber zumindest werde ich einiges wiedererkennen können.

Mamas Stimme höre ich logischerweise am meisten und kenne sie daher auch am besten. Es beruhigt mich ein bisschen, zu wissen, dass ich Mama da draußen in jedem Fall erkennen werde. Papa wohl auch. Dann wird es aber auch schon schwierig. Aber vielleicht reicht das ja fürs Erste aus.

Außerdem kann ich immer besser schmecken und riechen. Auch das wird mir sicher helfen, Mama da draußen wiederzufinden.

Hier drinnen fühle ich mich übrigens ausgezeichnet aufgehoben. Es ist schön warm, ich werde gut versorgt, durch die Gegend geschaukelt und bin immer bei Mama. Von mir aus könnte alles so bleiben. Allerdings muss ich sagen, dass es in letzter Zeit doch recht eng geworden ist. Ich fürchte also, dass ich bald rausmuss. Besonders wohl ist mir bei dem Gedanken nicht. Ich bin doch noch gar nicht fertig und kann nichts, womit ich bei euch da draußen alleine überleben könnte. Kein sehr angenehmer Gedanke. Ihr werdet euch noch wundern, was für einen Nesthocker ihr euch da eingefangen habt.

Mein Gehirn, da bin ich mir sicher, würde sich auch lieber noch eine Weile hier drinnen weiterentwickeln. Trotzdem sehe ich ein, dass sich der große Termin nicht mehr ewig hinauszögern lässt. Vor allem wegen meiner Kopfgröße. Wenn ihr mein Gehirngewicht (400 Gramm) im Verhältnis zu meinem Körpergewicht (3.500 Gramm) mit eurem Gehirngewicht (1.400 Gramm) zu eurem Körpergewicht (geschmeichelte 75.000 Gramm) vergleicht, dann stellt ihr fest, dass mein Gehirn kurz vor meiner Geburt relativ zu meinem Körpergewicht etwa 5,5-mal schwerer ist als eures.

In den ersten neun Monaten meines Lebens wird also überdurchschnittlich viel Gewicht (und damit Bedeutung) auf die Entwicklung meines Gehirns gelegt. Dadurch soll vermutlich meine Startposition da draußen möglichst gut sein. Interessanterweise zielt diese Entwicklung aber überhaupt nicht darauf ab, dass ich mich da draußen von Anfang an möglichst eigenständig zurechtfinden soll. Vielmehr sieht es so aus, dass ich für den Alltagskram dringend tatkräftige (mütterliche, väterliche, großelterliche …) Unterstützung brauchen werde. Damit stehen und fallen meine ganzen weiteren Entwicklungschancen. Ich soll dann da draußen wohl zunächst auch nichts weiter machen, als mich in erster Linie um die komplexe Weiterentwicklung meines Gehirns zu kümmern. Ich bin gespannt und warte ab, etwas anderes bleibt mir auch gar nicht übrig.

Düstere Gedanken

Kurz vor dem Ende meiner Zeit in Mamas Bauch fange ich doch an, mir ein bisschen Sorgen um meine Zukunft zu machen. Schließlich muss mein Gehirn vor allem in den ersten drei Jahre da draußen noch eine ausgesprochen rasante Entwicklung hinlegen. Ich hoffe nur, dass Mama und Papa das mit der Betreuung auch hinbekommen. Was ist, wenn sie mich nicht lieb haben? Wenn ich gar nicht in ihre Pläne passe? Dann sieht es mit meiner weiteren Entwicklung mehr als schlecht aus. Schließlich fallen meine Fähigkeiten nicht vom Himmel und ich muss doch so viel von ihnen lernen. Vielleicht sind sie auch gar nicht in der Lage, sich gut um mich zu kümmern, obwohl sie es gerne möchten? Möglicherweise sind sie so sehr mit ihrem eigenen Leben beschäftigt, dass für mich gar kein Platz bleibt? Was ist, wenn Mama krank beziehungsweise mit ihrem Leben schon jetzt vollkommen überfordert ist?

Oder wenn Papa ständig um den Erhalt seines Arbeitsplatzes zittern muss? Erst neulich habe ich mitbekommen, dass diese Angst offenbar gar nicht so unrealistisch ist. Mama beschwerte sich auf einmal immer öfter darüber, dass Papa gedanklich dauernd abwesend sei. So würde er zum Beispiel jeden Morgen hektisch die Zeitung auf der

Suche nach dem Wirtschaftsteil durchblättern und ihr gar nicht mehr richtig zuhören, sagte Mama. Auf Mamas Nachfragen murmelte Papa irgend etwas von »Konzernverlegung« und »Massenentlassung« und dass er da jetzt nicht drüber sprechen wolle. Schließlich wurde Mama auch ganz nervös und bat Papa eindringlich, ihr doch endlich die Wahrheit zu sagen. Papa erzählte ihr dann, dass die Chefs in seiner Firma darüber nachdenken, einen Großteil des Unternehmens ins Ausland zu verlagern. Dort sei die Produktion einfach viel billiger. Darüber hinaus seien ein paar seiner Kollegen im letzten Monat entlassen worden. Unter anderem ein Bekannter mit zwei kleinen Kindern, der jetzt ziemlich verzweifelt sei. »Und wenn ich der Nächste bin?«, fragte Papa und legte Mama eine Hand auf den Bauch. »Was ist, wenn ich keine neue Stelle finde? Wovon sollen wir dann leben?« Mama fand den Gedanken offenbar auch höchst beunruhigend. Trotzdem fragte sie Papa mit ruhiger Stimme, welche konkreten Hinweise es denn gebe, dass sein Arbeitsplatz ebenfalls gefährdet sei. »Erst einmal keine«, antwortete Papa, »aber heutzutage ist ja so gut wie kein Arbeitsplatz mehr sicher.« An dem Abend beschlossen Mama und Papa, sich nicht weiter verrückt zu machen und erst einmal abzuwarten. Schließlich könnten sie im Moment ohnehin nichts an der Situation ändern. Besonders beruhigend fand ich das aber nicht!

Das führt mich auch gleich zu der Frage, ob sich Mama und Papa einen so teuren Nesthocker wie mich überhaupt leisten können.

Dabei werde ich sie vor allem Zeit kosten, viel Zeit! Können und wollen sie diese Zeit für mich überhaupt aufbringen? Und dann will ich ja nicht nur einfach betreut, sondern auch geliebt werden! Fragen über Fragen, die alle um die besonderen Risiken kreisen, denen ich da draußen ausgesetzt sein werde. Trotz dieser düsteren Gedanken hoffe und denke ich aber, dass alles nach Plan läuft und Mama und Papa schon seit einiger Zeit ganz verrückt danach sind, mich endlich in ihre Arme zu nehmen.

Zwangsräumung

Während ich noch darüber nachdenke, was mich wohl alles außerhalb von Mamas Bauch erwarten könnte, wird es plötzlich sehr ungemütlich. Ein untrügliches Zeichen dafür, dass die Zwangsräumung tatsächlich losgehen soll. Nach einem harten Stück Arbeit, besonders für Mama, bin ich schließlich direkt in Papas Armen gelandet. Ehrlich gesagt hatte ich mir unsere erste Begegnung ein bisschen romantischer vorgestellt. Es ist hell, laut und kalt hier draußen und außerdem fummeln dauernd irgendwelche Gummihandschuhe an mir herum. Aber wie es aussieht, haben Mama und ich alles gut überstanden, was natürlich nicht selbstverständlich ist.

Bislang hat Mama praktischerweise für mich mitgeatmet. Sie hat mir über ihren Blutkreislauf den nötigen Sauerstoff zur Verfügung gestellt und anschließend das von mir produzierte Kohlendioxid wieder mitgenommen und ausgeatmet. Kaum bin ich angekommen, drückt irgendjemand, ohne zu fragen, unsere gemeinsame Nabelschnur einfach ab und schneidet sie durch. Ungeheuerlich. Ich weiß doch gar nicht genau, ob das mit dem Atmen überhaupt richtig funktioniert!

Das ist zu viel. Ich hole erst einmal tief Luft, und siehe

da: Es klappt ganz ausgezeichnet! Alle freuen sich riesig und ich werde sogleich auf Mamas Bauch gelegt. Ich sehe noch nicht so gut – aber das ist eindeutig MAMA.

Nach der ganzen Aufregung finde ich es ehrlich gesagt sehr beruhigend, dass ich mich später nicht mehr an meine Geburt erinnern kann. Zum Glück verfügt mein Gehirn nämlich noch nicht über die nötigen Gedächtnisfunktionen. Auch zu sonstigen Gefühlsreaktionen ist mein Gehirn noch nicht in der Lage. Die zuständigen Nervenzellsysteme werden sich nämlich erst nach und nach entwickeln müssen. Insofern hatte ich in den vergangenen Stunden zwar keine Angst, fühlte aber auch keine Freude oder Erleichterung, als es endlich vorbei war.

Erste Hindernisse

Solange ich auf Mamas Bauch liege, bin ich mit meinem Schicksal einigermaßen versöhnt. Es ist fast wie früher. Ich höre ihren Herzschlag, ihre und Papas Stimme und finde alles nicht mehr so schlimm.

Doch plötzlich meldet sich in meiner Magengegend ein unangenehmes Gefühl, das mich ganz unruhig werden lässt. Anscheinend ist es mit dem selbstständigen Atmen hier draußen noch nicht getan. Mit der Nabelschnur wurde ja auch meine bislang hervorragend funktionierende Energieversorgung gekappt. Auf gut Deutsch: ICH HABE HUNGER!

Und jetzt? Mama und Papa scheinen genauso ratlos zu sein wie ich. Eine von den Gummihandschuhträgerinnen gibt Mama schließlich den entscheidenden Tipp: Anlegen! Ein vertrauter Geruch erreicht meine Nase, dem ich sofort begeistert folge. Vielleicht geht es hier ja zurück?

Ehrlich gesagt habe ich dann noch eine ganze Weile gebraucht, bis ich das richtige Ziel gefunden hatte. Mama ist schon ganz nervös geworden. Schließlich hat es aber doch geklappt und ich fing sofort an zu saugen. Lecker. Es ist doch nicht alles schlecht hier draußen.

Es ist für mich eine völlig neue Erfahrung, selbst etwas

zu meiner Ernährung beitragen zu müssen. Nachdem ich meine Anfangsschwierigkeiten überwunden habe, klappt es aber ganz von selbst. Das Ganze nennt sich »Saugreflex« und wird von meinem Gehirn mit Hilfe entsprechender Steuerinstanzen und Regelkreise ermöglicht. Dank dieser neuen Errungenschaft habe ich jetzt auch einen neuen Namen. Ich heiße nicht mehr Fötus, sondern Säugling.

An meinem ersten Tag hier draußen stelle ich fest, dass ich mich nicht als Einziger völlig umgewöhnen muss. Auch Mama und Papa brauchen offenbar ein bisschen Zeit, um sich auf die neue Situation (sprich: auf MICH) einzustellen. In Mamas Bauch war alles etwas einfacher.

Die Handschuhträgerinnen, die inzwischen keine Handschuhe mehr tragen, haben sich übrigens in der Zwischenzeit als recht nützlich entpuppt. Sie haben zum Beispiel Papa gezeigt, wie er mein Köpfchen beim Hochnehmen richtig abstützt (meine Muskelspannung reicht da noch längere Zeit nicht aus), sie ermutigen und trösten Mama, wenn es Probleme beim Stillen gibt, und sie zeigen beiden mit Engelsgeduld, wie ich richtig angezogen und gebadet werde.

Zuerst habe ich nicht verstanden, warum ich zusätzlich zu den ganzen Klamotten auch noch eine Plastiktüte um den Po tragen muss. Ich fand das ein bisschen entwürdigend. Jetzt weiß ich es aber. Die neue Nahrungsaufnahme ist nämlich nur die halbe Wahrheit. Schließlich muss das ganze Zeug auch irgendwo wieder raus. Und dafür scheint mir die Tüte dann doch ganz praktisch zu sein.

Die meiste Zeit des Tages verbringe ich mit Schlafen und Saugen oder damit, mit meinen anderen Kollegen auf der Station (die ich nur hören, aber nicht sehen kann) um die Wette zu schreien. Zwischendurch kommen und gehen unbekannte Gestalten, von denen mir ein paar Stimmen irgendwie bekannt vorkommen. Alle schwärmen Mama und Papa vor, was für ein hübsches, süßes und reizendes Baby ich doch sei. Baby ist neben Säugling übrigens jetzt mein zweiter neuer Name. Ich heiße auch noch irgendwie anders, aber das habe ich schon wieder vergessen. Mein Gedächtnis funktioniert zurzeit ja noch nicht so optimal.

Ich will jetzt niemanden mit meinen Sorgen langweilen. Aber manchmal befürchte ich, dass es Mama und Papa zu viel mit mir werden könnte. Denn das bekomme ich schon mit: Mich rund um die Uhr zu betreuen scheint sehr anstrengend zu sein. Mama hat gerade erst wieder einer mir unbekannten Gestalt mitgeteilt, dass sie seit meiner Geburt nicht mehr richtig geschlafen hat.

Die Dame, zu der sie das gesagt hat, fiel mir übrigens gleich durch ihr unangenehmes Parfüm auf. Noch unangenehmer als ihr Duft ist allerdings ihre Stimme: laut, sehr schrill und keinen Widerspruch duldend. Im Laufe des Gespräches habe ich herausbekommen, dass es sich um Papas große Schwester – Tante Irene – handelt. Papa hat mir bei einem unserer Spaziergänge mit dem klinikeigenen Kinderwagen durch den Krankenhauspark erzählt, dass Tante Irene ein überzeugter Single ist. Ein Mann kommt ihr nicht ins Haus, würde Tante Irene immer sagen, der sorgt nur für Unordnung und Unruhe. Obwohl Tante Irene selber keine Kinder hat und »Um Gottes willen!« auch keine haben will, kennt sie sich mit dem Thema Kindererziehung offenbar bestens aus. Gleich bei ihrem ersten Besuch im Krankenhaus, als Mama und ich erschöpft dalagen und uns von den vorangegangenen Strapazen erholten, hat sie Mama einen langen Vortrag darüber gehalten, was sie in den ersten Stunden mit mir schon alles falsch gemacht hat und wie sich das auf mein weiteres Leben auswirken wird. Aber Mama rollte sich nur schicksalsergeben auf den Rücken und murmelte in regelmäßigen Abständen »Ach ja?, tatsächlich …, soso«.

Besonders heftig hat sich Tante Irene darüber aufgeregt, dass Mama mich stillt. Das sei heutzutage doch vollkommen unmodern und gar nicht mehr nötig! Schließlich gebe es doch diese fantastische Ersatznahrung, die zudem streng schadstoffgeprüft sei. »Du weißt doch gar nicht, was da alles drin ist«, sagte sie zu Mama und schielte misstrauisch auf ihren Busen. »Und außerdem ruinierst du dir damit deine Brust, meine Liebe! Irgendwann möchtest du doch bestimmt wieder einen Bikini tragen, oder?« Tante Irene ist sehr figurbewusst, auch wenn sie das nie zugeben würde. So ging das noch eine ganze Weile weiter. Während des Gespräches oder, genauer gesagt, des Monologs von Tante Irene machte Mama einen ziemlich gefassten und fast schon gelangweilten Eindruck. Das änderte sich allerdings schlagartig, als Tante Irene endlich die Krankenhauszimmertür donnernd hinter sich zugezogen hatte. Mama brach augenblicklich in Tränen aus. Zum Glück war Papa gleich zum Trösten zur Stelle. Er versicherte Mama immer wieder, dass sie alles richtig machen würde und Tante Irene von Kindern und ihren Bedürfnissen nun wirklich keine Ahnung hätte. Schließlich hat sich Mama wieder beruhigt und mich zum Glück auch wieder angelegt. Nicht auszudenken, wenn sie irgendeine schrullige Tante davon abgehalten hätte.

Wie ihr seht, bringe ich Mamas und Papas Leben ganz schön durcheinander. Was kann ich ihnen im Gegenzug dafür schon bieten? Auf der anderen Seite sind sie aber, von wenigen kurzen Ausnahmen abgesehen, ganz begeistert von mir. Sie tragen mich herum, küssen und streicheln mich viel, reden mit mir, und ich spüre, dass sie das alles wirklich gerne machen. Mama und Papa und neuerdings auch Oma und Opa (von denen es mysteriöserweise verschiedene zu geben scheint) erzählen mir auch immer wieder, wie lieb sie mich haben. Ich weiß noch nicht so genau, was es mit dieser Liebe auf sich hat, aber es scheint eine wichtige Sache zu sein. Etwas, das sie alle Mühe vergessen lässt. Mein eigenes Gefühlsleben befindet sich zurzeit ja noch im Aufbau. Aber ich denke, mit der entsprechend liebevollen Pflege wird sich alles gut entwickeln.

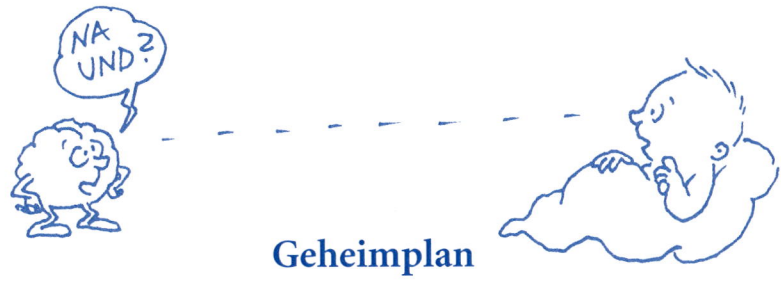

Geheimplan

In dem ganzen Tumult der vergangenen Tage habe ich doch tatsächlich meine Gehirnentwicklung ein bisschen aus den Augen verloren. War einfach zu viel los. Umso gespannter bin ich jetzt, wie sich die ganzen Irritationen und Neuigkeiten wohl ausgewirkt haben. Entwicklungstechnisch ist bestimmt mordsmäßig was passiert. Doch wo ich auch hinschaue, muss ich feststellen, dass mein Gehirn so tut, als wäre überhaupt nichts geschehen. So ein Ignorant. Es entwickelt sich einfach in aller Seelenruhe weiter, als hätte es meinen großen Auftritt hier draußen gar nicht gegeben. Bis auf das Anwerfen einiger neuer und zentraler Steuerfunktionen (zum Beispiel für das Atmen, Saugen und Verdauen) ist alles beim Alten geblieben. Erstaunlicherweise stellt meine Geburt für mein Gehirn also keinen annähernd so wichtigen Meilenstein dar wie für mich und euch.

Erst war ich ein bisschen beleidigt. Dann habe ich mir gedacht: Vielleicht ist es ihm einfach peinlich, dass wir hier nur herumliegen und so gut wie nichts können? Auf jeden Fall nicht genug, um auf eigenen Beinen zu stehen und aus eigener Kraft zu überleben. Schließlich bin ich dann zu dem Schluss gekommen, dass mein Gehirn einfach seine eigenen geheimen (Zeit-)Pläne verfolgt, von denen ich gar nichts weiß. Offenbar hat es noch ganz andere Dinge mit mir vor. Dinge, die viel zu viel Zeit brauchen, als dass sie sich schon vor meiner Geburt hätten entwickeln können. Und vielleicht braucht es für seine weitere Entwicklung ja auch die Zeit hier draußen? Möglicherweise umfasst dieser Geheimplan meines Gehirns ein Ziel, das ungleich größer ist als meine Selbstständigkeit zum jetzigen Zeitpunkt. Vielleicht ist ihm einfach klar, dass meine späteren Vorteile meine momentanen Einschränkungen und Abhängigkeiten bei weitem überwiegen? Ich bin jedenfalls gespannt.

Das Geheimnis meiner Hände

Heute hat Papa uns aus der Klinik abgeholt. Wir werden jetzt also ohne die Handschuhträgerinnen auskommen müssen. Zu Hause haben Mama und Papa mir erst einmal mein Zimmer gezeigt. Ich konnte nicht viel erkennen, aber der Geruch gefiel mir. Jetzt liege ich in meiner neuen Wiege und habe genug Zeit, weiter über das Geheimnis meines Gehirns nachzudenken.

Ich glaube inzwischen, dass dieses Geheimnis irgendwie mit meinen Händen zusammenhängt. Unsere Urahnen fingen ja irgendwann an, auf zwei Beinen zu laufen, und hatten damit plötzlich beide Hände frei. Die Vorteile dieser neuen Errungenschaft überwogen dabei offensichtlich den vordergründigen Nachteil, dass der Nachwuchs durch den aufrechten Gang und die dadurch bedingte Verengung des Geburtskanals relativ früh geboren werden musste. Menschenaffen klammern sich unmittelbar nach ihrer Geburt mit Hilfe eines Greifreflexes im Fell ihrer Mutter fest, die sich so ungehindert auf allen vieren weiter fortbewegen kann. Neugeborene Menschenkinder verfügen zwar ebenfalls noch über diesen Greifreflex, können sich aber nirgends mehr festhalten. Glücklicherweise haben jetzt aber die Eltern ihre Hände frei, um ihren Nachwuchs auf den Arm nehmen und mit sich herumtragen zu können. Seit mindestens 3,5 oder vielleicht auch schon 6 Millionen Jahren sind wir also »Traglinge«.

Nachdem ich das verstanden habe, ist es mir auch nicht länger peinlich, dass ich hier nur so herumliegen kann. Für die vielfältigen Möglichkeiten des Handgebrauchs zahlen meine Eltern und ich gewissermaßen den Preis, dass ich viel zu früh geboren wurde. Jetzt beginne ich auch zu verstehen, warum mein Gehirn von meiner Geburt so unbeeindruckt war. Aber wieso haben ausgerechnet meine Hände für mein Gehirn eine so große Bedeutung?

Im Laufe der Menschheitsgeschichte haben wir unsere Hände zu einem einzigartigen Instrument entwickelt. In sämtlichen Einzeldisziplinen (Klettern, Hangeln, Zupacken) sind wir unseren verwandten Primaten hoffnungslos unterlegen. Unser Vorteil ist aber, dass wir von allem ein bisschen können. Und diese »Mittelmäßigkeit« macht uns zu echten Alleskönnern.

Halt! Die einzige Spezialisierung, die außer uns Menschen kein anderes Säugetier aufweist, ist der sogenannte Präzisionsgriff mit Hilfe unseres Daumens und Zeigefingers. Dieser »kleine Griff« mit seinen großen Folgen für die Menschheit fungierte bei uns als eine Art Entwicklungskatalysator und bildet in gewisser Weise die Basis für unsere gesamte kulturelle Entwicklung. Aber dafür brauchten unsere Hände natürlich unser Gehirn als starken Logistikpartner.

Unsere fortschreitende Handnutzung führte deshalb auch zu einer enormen Massezunahme unseres Gehirns, besonders im Bereich des Frontallappens (»Stirnhirns«). Als höchstes Assoziationsgebiet unseres Gehirns hat das

Stirnhirn die Aufgabe einer übergeordneten Steuerzentrale für unsere Hände übernommen. Unser Stirnhirn hilft uns dabei, Handlungen zu planen und uns bewusst zu machen, mit welchen Konsequenzen bestimmte Handgriffe wohl verbunden sein werden. Diese Fähigkeiten sind bei uns Menschen in einzigartiger Weise ausgebildet.

An diesem Teil unseres Gehirns lassen sich übrigens viele Attribute festmachen, die wir mit unserer Seele und unserer einzigartigen Persönlichkeit verbinden. Dazu zählen unser typischer Gang, unsere unverwechselbare Stimme, unsere bestimmte Art zu lächeln genauso wie unsere vorherrschenden Gefühle und Gedanken und die für jeden von uns charakteristischen Problembewältigungsstrategien. Diese Persönlichkeitsmerkmale müssen in jedem Menschen neu entstehen und sind das Ergebnis eines einzigartigen individuellen Entwicklungsprozesses.

Hier macht sich jetzt bezahlt, dass wir viel zu früh geboren werden. Entscheidende Teile unserer Gehirnentwicklung laufen nämlich erst nach der Geburt ab, wenn wir den Signalen unserer jeweiligen Umwelt ausgesetzt sind, in die wir uns hineinentwickeln müssen. In gewisser Weise machen wir uns diese Signale also zunutze, um uns möglichst angepasst zu entwickeln. Nachdem ich diese Nuss geknackt habe, blicke ich schon viel selbstbewusster in die Zukunft.

Lieber Tragling als Liegling

Inzwischen haben wir die ersten Tage zu Hause erfolgreich hinter uns gebracht. Von einigen kleinen Zwischenfällen (Überschwemmung im Bad, zu heißer Tee in der Flasche, Mentholcreme zum Inhalieren am Po) ist alles glatt gelaufen. Mama und Papa geben sich große Mühe, auch wenn ihnen die Nächte wirklich zu schaffen machen. Mama sagt immer, dass sie wie ein Nachtgespenst aussieht, und Papa bringt keinen Satz mehr zu Ende, ohne nicht mindestens einmal zwischendurch zu gähnen. Diese Umstellung auf Tag-(Wach-) und Nacht-(Schlaf-) Rhythmus fällt mir ziemlich schwer. In Mamas Bauch konnte ich schlafen beziehungsweise wach bleiben, wann ich wollte. Und auf einmal soll ich nachts stundenlang am Stück schlafen. Das ist nicht so einfach. Aber wir werden das schon schaffen.

Ich sehe auch ein, dass ich manchmal ein bisschen im Wege bin. Auf der anderen Seite brauche ich aber für meine weitere optimale Gehirnentwicklung jetzt ganz dringend Bewegung und Körperkontakt. Schließlich bin ich kein »Liegling«, sondern ein »Tragling«. Neun Monate lang wurde ich die meiste Zeit des Tages hin- und hergeschaukelt und jetzt soll ich zufrieden in der Ecke liegen? Das kann ich auf gar keinen Fall akzeptieren! Das Herumgetragenwerden fördert und unterstützt die Entwicklung meines Tast- und Gleichgewichtssinns und ist somit für mich und meine weitere optimale Entwicklung unverzichtbar!

In der ersten Zeit nach meiner Geburt kann ich fast gar nichts sehen, habe aber schon einen ganz gut ausgebildeten, wenn auch längst noch nicht vollständig entwickelten Tastsinn. Auch wenn ich mit meinen Händen noch nicht gezielt zugreifen kann und die Welt um mich herum wie durch dickes Milchglas hindurch sehe, habe ich doch schon ein ganz gutes Gefühl für meinen Körper und verfüge darüber hinaus über eine ganze Reihe von Reflexbewegungen. Das ist zugegebenermaßen noch nicht viel, aber es ist alles, was ich für meinen Start hier draußen benötige.

Im Moment würde es mir auch gar nichts nützen, in weiter Ferne – sagen wir mal drei Metern – etwas Interessantes oder Gefährliches zu entdecken: Ich kann mich ja doch nicht vom Fleck bewegen, sondern muss immer genau da bleiben, wo ich eben hingelegt wurde. Manchmal ist das halt ein bisschen langweilig und blöd! Ich muss mich also gezwungenermaßen zunächst mit den nahe liegenden Dingen beschäftigen.

Da die optimale Entwicklung meines Tastsinns eine ganz wichtige Grundlage für meine gesunde und stabile psychische Entwicklung darstellt, hoffe ich auch hier auf eure Unterstützung. Es wäre große Klasse, wenn ihr mir möglichst ganz viele und ganz verschiedene Tast- und Fühlerlebnisse ermöglicht. Dazu zählt auch, dass ihr mich alles Ungefährliche ohne Aufstand in den Mund nehmen lasst. Der ist für mich nämlich ein ganz zentrales Erkundungsorgan. Meine gesamte Fühlsphäre ist in meiner Großhirnrinde zunächst noch sehr ungenau abgebildet und muss im Laufe der Jahre allmählich präzisiert werden. Dieser Prozess braucht sehr viel Zeit und wird, auch wenn ich das heroische Alter von sechs Jahren erreicht habe, noch nicht vollständig abgeschlossen sein.

Echte Fortschritte stellen sich übrigens trotz intensiven Trainings nur sehr langsam ein: Mit ungefähr zehn Wochen kann ich gerade mal erste einfache Formen unterscheiden. So mit sechs Monaten gelingt es mir dann, festzustellen, ob meine Ente aus Gummi, Holz oder Plastik ist. Und erst im Alter von 1 1/2 Jahren, wenn ich schon laufen kann, werde ich langsam kleinere Unterschiede in den Formen von Gegenständen zu ertasten beginnen. Erwartet jetzt also noch nicht zu viel von mir.

Neben frühen Tast- und Fühlerfahrungen ist für meine Gehirnentwicklung auch Bewegung enorm wichtig. Da bin ich als Tragling auf eure Mithilfe angewiesen. Bei unseren Urahnen war das sozusagen automatisch sichergestellt, weil die Mütter in den umherziehenden Familienverbänden ihre Säuglinge ständig mit sich herumtragen mussten. Das hätte ich auch gerne, wobei es ja nicht unbedingt bei Wind und Wetter in der Savanne sein muss. Bewegungen stimulieren in besonderer Weise mein sich gerade entwickelndes Gleichgewichtssystem. Dieses System ist wiederum die Basis für meine gesamte motorische Entwicklung und versorgt mich darüber hinaus mit wichtigen frühen Sinneserfahrungen. Diese führen dazu, dass die richtigen Verknüpfungen zwischen meinen Nervenzellen ausgebildet werden. Dadurch erhalte ich zunächst einmal die richtige Körperhaltung und später dann auch eine gute Bewegungsfähigkeit.

Mein Gleichgewichtssystem benötigt ungefähr sieben Jahre, bis es voll entwickelt ist. Wenn hier etwas schief geht, so kann es sich besonders auf meine späteren emotionalen und kognitiven Fähigkeiten nachteilig auswirken. Auch hier brauche ich optimale Startbedingungen. Insofern könnt ihr also gar nicht genug mit mir schaukeln, hopsen, tanzen und kuscheln.

Ein toller Knoten

Zu meiner großen Freude haben sich Mama und Papa schließlich ein Tragetuch angeschafft. Dabei handelt es sich um sehr viel Stoff, der auf eine bestimmte Art und Weise gewickelt und geknotet werden muss, damit ich bequem (an Mamas oder Papas Bauch gelehnt) herumgetragen werden kann. Mit Hilfe diverser Anleitungen und durch ein paar Telefonate mit Mamas Freundinnen haben wir schließlich die optimale »Knottechnik« herausgefunden. Auf diese Weise haben Mama und Papa die Hände frei für ihren Alltagskram, und ich bin immer dabei und werde zudem noch optimal stimuliert.

Als ich gerade mal wieder gut gelaunt an Papas Brust vor mich hinschaukelte, klingelte es an der Tür und wieder einmal drang ein unangenehmer Parfümduft in meine Nase. Tante Irene. Sie sei zufällig in der Nähe gewesen und wollte deshalb mal kurz vorbeischauen. »Was ist DAS denn?«, fragte sie mit entsetzt hochgezogenen Augenbrauen, als sie mich in meinem Tuch entdeckte. Papa fing an, ihr bereitwillig die Vorteile unserer neuesten Anschaffung zu erklären. Sehr weit kam er mit seinen Ausführungen allerdings nicht, denn Tante Irene unterbrach ihn sofort energisch. »Du willst damit sagen, dass ihr euer armes

Kind den ganzen Tag in diesem Stofffetzen sitzen lasst?«, fragte sie streng. »Ihr werdet damit seinen Rücken ruinieren. Seine armen weichen Knochen können das Gewicht doch noch gar nicht tragen!« Mir lief es eiskalt den Rücken herunter, als Tante Irene meine Zukunft als Rollstuhlfahrer ausmalte. Sie hat ohne Frage großes Talent, mir Angst einzujagen. »Unsinn«, widersprach Papa abwehrend, »es ist alles eine Frage der Knottechnik: Wenn man das Tuch richtig bindet, wird das Köpfchen gestützt und der Rücken entlastet.«

Als Tante Irene kurze Zeit später in unserer Küche saß und eine Tasse »Wellness«-Tee trank, kam sie noch einmal auf die Sache mit dem Tragetuch zurück. Hatte sie sich zuvor um meine körperliche Unversehrtheit gesorgt, so brachte sie jetzt einen ganz anderen Einwand gegen das »neumodische Tuchtragen« auf den Tisch. »Ihr werdet euer Kind durch dieses dauernde Herumtragen hoffnungslos verwöhnen«, meinte sie missmutig und nahm einen tiefen Schluck aus ihrer Tasse. »Wie soll es sich denn später im Leben zurechtfinden, wenn es jetzt so verhätschelt wird? Es gibt schließlich schon genug kleine Prinzen und Prinzessinnen auf dieser Welt, die mit der Realität nicht klarkommen!« An dieser Stelle zeigte sich, dass Papa im Umgang mit Tante Irene offenbar mehr Erfahrung und somit auch die besseren Strategien hatte. Er sagte ihr nämlich ziemlich deutlich, dass sie sich nicht immer in Dinge einmischen soll, von denen sie einfach keine Ahnung hat. Obwohl mir mein Tuch die Sicht versperrte, konnte ich Mamas unwillkürliches Grinsen geradezu spüren. Tante Irene war daraufhin ein bisschen beleidigt und hatte es plötzlich sehr eilig, weiterzukommen. SIE könne es sich schließlich nicht leisten, den ganzen Tag so zu vertrödeln, sagte sie mit einem letzten tadelnden Blick in unsere Richtung. Ich kann mich täuschen, aber ich glaube, Mama und Papa haben erleichtert aufgeatmet, als Tante Irene endlich wieder draußen war.

Neben Tag und Nacht gibt es bei uns übrigens auch noch verschiedene Wochentage: Es gibt »Mama-Tage«, an denen ich viel Zeit mit Mama verbringe, und »Mama-und Papa-Tage«, an denen wir zu dritt sind, und manchmal auch »Oma-und Opa-Tage« – aber die finden nicht so regelmäßig statt. Mama sagt, dass es irgendwann auch einen festen »Papa-Tag« gibt, an dem sie dann wieder arbeiten wird.

An den »Mama-und Papa-Tagen« kaufen wir meist ein, besuchen Freunde und/oder kochen zusammen. Mama und Papa teilen sich dann alle anfallenden Arbeiten. Genauer gesagt: fast alle. Papa hat nämlich offenbar ein Problem mit meinen Plastiktüten am Po. Sobald ich eine frische brauche, windet er sich wie ein Aal, hat plötzlich etwas ganz Wichtiges zu erledigen oder macht einen möglichst großen Bogen um mich. Mama merkt das natürlich sofort und geht, je nach Stimmungslage, selber wickeln oder besteht drauf, dass Papa es macht.

Wenn es Papa erwischt hat, versucht er immer seine eigenen Rekorde im Turbowickeln zu brechen. Meistens geht dabei aber irgendetwas schief. Neulich war Papa gerade fertig, da habe ich unglücklicherweise gleich wieder in die Windel gemacht. Papa ist fast böse geworden und hat mit mir geschimpft. Dann hätte ich eben Pech gehabt und müsse mit einer dreckigen Windel herumlaufen (er meinte wohl eher: herumliegen). Schließlich kam Mama und hat mich in Schutz genommen: Ich sei doch noch gar nicht in der Lage, meine Ausscheidungen bewusst zu steuern. Insofern könne man mir da keinen Vorwurf machen. Darüber hinaus sei ich auch noch viel zu klein für solche Erziehungsmaßnahmen. Daraufhin hatte Papa ein schlechtes Gewissen und hat sich von da an auch beim Wickeln mehr Zeit gelassen.

Erschütterungen

Manchmal bekomme ich plötzlich Angst, dass Mamas und Papas Zuneigungsbeweise eines Tages nachlassen oder sogar aufhören könnten. Das wäre ganz schlimm, wo ihre liebevolle Zuwendung doch so wichtig für mich ist. Natürlich könnte es auch noch viel schlimmer kommen: Sie könnten mir beispielsweise Angst machen und mir so das Gefühl nehmen, bei ihnen sicher und geborgen zu sein. Wir sprachen ja schon über die enormen Gefahren, die für die weitere Entwicklung meines Gehirns und damit meiner gesamten Persönlichkeit von Tabakqualm, Alkohol, Medikamenten und Giftstoffen ausgehen. Aber auch körperliche und seelische Misshandlungen, gegen die ich mich in meiner jetzigen Position auch gar nicht wehren könnte, stellen in diesem Zusammenhang eine ernste Bedrohung für die Entwicklung meines Gehirns dar. Ich hoffe wirklich, dass mir solche Erschütterungen erspart bleiben. Sie könnten die Entwicklung meiner Nervenzellnetze empfindlich treffen und hier Verletzungen erzeugen, die zu unsichtbaren Narben führen, die mich dann mein ganzes Leben lang entstellen können. Eine ganz gefährliche Narbe ist beispielsweise die Unfähigkeit, ein gesundes Selbstvertrauen und Zuversicht in meine eigenen Fähigkeiten zu entwickeln. Dazu brauche ich ein stabiles Urvertrauen, das jetzt auf gar keinen Fall erschüttert werden darf. Der Spruch von Tante Irene »Ein Klaps hat noch niemandem geschadet« macht mir daher große Angst. Möglicherweise würde ich dann selbst jemand werden, der schreit und schlägt. Eine schreckliche Vorstellung. Habt also bitte Geduld mit mir. Ich muss doch noch so vieles lernen. Dazu brauche ich sehr viel Zeit und noch mehr eure Unterstützung. Am besten klappt es übrigens, wenn ihr mich für kleine und große Fortschritte ganz viel lobt! Das verleiht mir Flügel.

Warum schon in die Ferne schweifen?

Außer tasten kann ich auch schon ganz gut riechen. Das konnte ich schon in Mamas Bauch. Vielleicht erinnert ihr euch noch daran, dass ich sie gleich nach der Geburt am Geruch erkannt habe. Ganz sicher hätte ich sie aus allen Mamas der Welt herausgerochen. Wie hätte ich sie auch sonst wiedererkennen sollen? Selbst wenn ich schon gut hätte sehen können, hätte mir das nichts geholfen. Schließlich hatte ich ja kein Bild von ihr.

Auf den ersten Blick scheint der Geruchssinn bei euch Erwachsenen keine sehr zentrale Rolle zu spielen. Das betrifft aber hauptsächlich die bewusste, nicht aber die unbewusste Wahrnehmung von Geruchssignalen. Geruchssignale sind nämlich die einzigen Sinnessignale, die ohne Umweg über den »Thalamus« (eine zentrale Umschaltinstanz für Sinnessignale) direkt in bestimmte Bereiche der Großhirnrinde weitergeleitet werden können. Die anderen Sinnessignale (Sehen, Hören, Tasten und Schmecken) werden von diesem Kerngebiet, das auch »Tor zum Bewusstsein« genannt wird, dorthin weitergeleitet, wo sie mit Hilfe entsprechender Nervenzellsysteme der Großhirnrinde bewusst wahrgenommen werden. Der größte Teil unserer durchaus vorhandenen Geruchswahrnehmung läuft somit nicht bewusst ab. Die Verarbeitung dieser Signale findet zudem in den Gehirnregionen statt, die für unsere Gefühle und Stimmungen zuständig sind, dem sogenannten »limbischen System«. Dabei handelt es sich um eine ringförmig angeordnete Ansammlung von Kerngebieten und Rindenfeldern an der Schnittstelle zwischen den stammesgeschichtlich alten Hirnstammregionen und den neueren Großhirngebieten.

Die Nervenzellsysteme dieses limbischen Systems sind dafür verantwortlich, dass vor allem nicht bewusst wahrgenommene Gerüche bei uns unmittelbar Gefühlsregungen auslösen können. Diese sind das Resultat unbewusster Bewertungsprozesse in unserem Gehirn. Daher kommt vielleicht auch der Spruch »Den kann ich nicht riechen«, womit eigentlich »Den finde ich unsympathisch« gemeint ist. Solche Bewertungen können dann oft gar nicht begründet werden, weil die logischen Argumente aus dem »Thalamus« eben fehlen.

Einen Teil der Gerüche, vor allem die aufdringlichen und unangenehmen, nehmt ihr Erwachsenen aber durchaus bewusst wahr. Dazu werde ich aber erst so mit sechs Monaten in der Lage sein. Noch ein weiteres halbes Jahr wird vergehen, bis ich die wahrgenommenen Gerüche dann auch unterscheiden kann. Ob etwas nun gut oder schlecht riecht, kann ich dann allerdings immer noch nicht sagen. Papas Problem mit den Po-Tüten werde ich erst so mit fünf, sechs Jahren nachvollziehen können. So lange wird es nämlich noch dauern, bis ich unterschiedliche Gerüche auch bewerten kann.

Aber jetzt erst einmal zu den naheliegenden Dingen des Lebens. Alles, was außerhalb der Reichweite meiner Arme liegt, ist für mich zurzeit noch völlig uninteressant. Wie bereits angedeutet, kann ich nämlich gerade einmal innerhalb eines bescheidenen Radius von 20 Zentimetern irgendetwas erkennen. Und selbst da bleibt alles reichlich verschwommen. Egal, wie intensiv ich die Dinge fixiere, sie lassen sich einfach nicht scharf stellen. Es ist, als würde ich durch dickes Milchglas gucken. Außerdem habe ich noch gar keine Tiefenwahrnehmung, kein Gefühl für Räumlichkeit. Ich nehme alles nur als Fläche wahr. Das hängt damit zusammen, dass der Teil meines Gehirns, der für alle Sehleistungen zuständig ist, zum jetzigen Zeitpunkt noch völlig unterentwickelt ist. Von daher ist es mir besonders lieb, wenn ihr mir richtig nahe kommt.

Angeblich wird es noch ganze sechs Monate dauern, bis ich meine Augen überhaupt zielgerichtet bewegen, die Dinge in ihrer Räumlichkeit wahrnehmen, scharf sehen und Farben unterscheiden kann. Noch ein weiteres Jahr, und mein Sehsystem hat alle nötigen Feinabstimmungen vorgenommen, damit ich genauso gut sehen kann wie ihr.

Mein Sehsystem scheint von allen meinen Sinnen hier draußen mit das Wichtigste zu sein. Umso unlogischer, dass es bei meiner Geburt so unterentwickelt ist. Vielleicht verhält es sich aber auch hier, wir erinnern uns an die Geschichte mit dem Hausbau, genau andersherum: Möglicherweise ist das Sehen für uns viel zu wichtig, als dass es ohne detaillierte Informationen über die Welt da draußen entstehen könnte und sollte. Mein Gehirn muss schließlich erst einmal genau wissen, was ich eigentlich sehen soll. Erst dann kann es auch dafür sorgen, dass ich es tatsächlich sehen kann. Zunächst reicht deshalb ein vager optischer Eindruck meiner Umgebung. Ich kann mich durch

Riechen und Tasten ja einigermaßen zurechtfinden und im Bereich meiner Arme und Hände sehe ich immerhin schon ein bisschen was. Meine Ausstattung zwingt mich somit dazu, mich erst einmal mit dem Naheliegenden zu befassen. Vor allem natürlich mit mir selber. Der Rest muss warten, bis ich einigermaßen mobil geworden bin und mich besser orientieren kann.

In der Großhirnrinde ist der Teufel los

Die scheinbare Unterentwicklung meines Sehsystems ist allerdings nur die halbe Wahrheit. Tatsächlich ging es in meiner Großhirnrinde von Anfang an hoch her: Die Entwicklung meiner Augen setzte ja bereits in meiner dritten Lebenswoche ein. Damit sich meine Netzhäute und die nachgeschalteten Stationen meiner Sehbahn im Gehirn bis hin zur Sehrinde im Hinterhauptslappen meiner Großhirnhälften in aller Ruhe entwickeln konnten, habe ich meine Augen aber erst einmal fest zugemacht.

Die äußere Ruhe war allerdings trügerisch. Zwischen meinem vierten und siebten Monat als Fötus haben sich nämlich alle 100 Millionen Nervenzellen gebildet, die eure erwachsene Sehrinde überhaupt besitzt. Im fünften Monat haben sich dann die ersten Verknüpfungen zwischen diesen Nervenzellen gebildet. Ein atemberaubender Vorgang, bei dem tagtäglich etwa 10 Milliarden (!) neue Kontakte (»Synapsen«) entstehen. Dieser Verbindungsaufbau hat sich über meine Geburt hinweg ungebremst fortgesetzt und ist auch jetzt noch in vollem Gange. Erst etwa acht Monate nach meiner Geburt wird die Verbindungsdichte in meiner Sehrinde ihren Höhepunkt erreicht haben. Zu diesem Zeitpunkt kann ich dann auch fast so gut sehen wie ihr.

Aber das ist längst nicht alles. Die Entwicklung der verschiedenen für das Sehen grundlegenden Funktionen und Fähigkeiten ist nämlich an eine weitere Feinabstimmung gebunden, und zwar an die Verschaltungen in meiner Sehrinde. Diese Feinabstimmung hängt nun aber entscheidend von meinen eigenen Seherfahrungen ab. Dabei entwickeln sich ganz bestimmte Fertigkeiten, wie zum Beispiel das räumliche Sehen, innerhalb bestimmter Zeitfenster. In diesen Zeiträumen ist es besonders wichtig, dass die erforderlichen optischen Signale ungehindert in mein Gehirn gelangen und dort die entsprechenden Feinarbeiten veranlassen können. Wenn das verhindert wird, entwickeln sich einzelne Sehfähigkeiten unter Umständen nicht optimal oder, im ungünstigsten Fall, gar nicht. Der Sinn dieses ganzen Vorgangs besteht wohl darin, unsere Sehleistungen mit möglichst geringem Aufwand optimal an ihre tatsächlichen Anforderungen anzupassen.

Vom Rohling zum Relief

Am Beispiel meiner Sehleistungen lässt sich ganz gut eine allgemeine Entwicklungsstrategie des Gehirns erkennen. Zunächst bekomme ich eine Art Rohling zur Verfügung gestellt, der dann in einer zweiten Entwicklungsphase zu einem individuellen Relief geformt wird. Der Trick besteht darin, dass dieses Relief dabei ganz entscheidend von den jeweiligen Umwelten geformt wird, in denen sich mein zunächst noch lange nicht ausreichend verschaltetes Gehirn entwickelt. Diese Strategie kann man auch mit »Learning by Doing« umschreiben.

Mama und Papa, Oma und Opa, vielleicht irgendwann einmal meine Geschwister und später auch meine Freunde und Erzieher beziehungsweise Lehrer bestimmen also maßgeblich, wie es mit meinen Gehirnverschaltungen weitergehen wird. Auf diese Weise passt sich mein Gehirn optimal an seine jeweilige Umgebung an und stellt mir genau die Werkzeuge zur Verfügung, die ich für mein Leben und die an mich gestellten Aufgaben brauche. Praktisch, oder? Bleibt nur zu hoffen, dass mein Gehirn in dieser wichtigen Zeit auch Zugang zu den richtigen Signalen bekommt.

Ich bin ganz Ohr

Schon als Fötus im Alter von sechs Monaten konnte ich ganz gut hören, was draußen los war, und so habe ich bereits in Mamas Bauch heimlich den Familienalltag belauscht. Ich hatte dann auch keine Schwierigkeiten, Mamas Stimme hier draußen wiederzuerkennen, was zusammen mit meiner Geruchserinnerung die Trefferquote bezüglich Mama doch ungemein erhöhte. Seither bin ich auch fest davon überzeugt, dass meine Mama die schönste und vor allem angenehmste Stimme von allen hat.

Mit der Geburt ist mein Gehör natürlich ebenfalls noch nicht voll entwickelt. Ähnlich wie bei meinem Sehvermögen müssen sich viele Feinheiten erst noch ausbilden. Aus diesem Grund müsst ihr anfangs auch laut und deutlich mit mir sprechen. Meine Aufmerksamkeit wird dabei übrigens nur durch die Melodie und den Rhythmus eurer Sprache erregt, da mir das nötige Sprachverständnis noch fehlt. Das wird sich erst sehr viel später entwickeln. Aber wenn ihr mich beispielsweise liebevoll und freundlich fragt: »Wie geht es meinem kleinen Schatz denn heute?«, weiß ich natürlich trotzdem, wie es wohl gemeint ist, und schenke euch als Antwort mein breitestes Lächeln. Wenn ihr dann aus meiner Reaktion ein »Danke, mir geht es gut« herausliest, hat ja alles funktioniert. Schließlich ist es im Moment das oberste Ziel, die Bindung zwischen uns zu festigen. Dazu ist mir jedes Mittel recht.

Übrigens, Papa: Mama liebt mich natürlich anders als dich. Ich hoffe, dass du das verstehst. Bloß weil sie jetzt so verliebt in mich ist, musst du nicht denken, dass sie von dir nichts mehr wissen will. Aber der Tag hat eben nur 24 Stunden, und ich nehme sie halt gerade derart in Anspruch, dass sie irgendwann nur noch müde und erschöpft ist. Aber ich kann dich beruhigen, das geht auch wieder vorbei. Und ich brauche sie doch jetzt so dringend. Also hab bitte ganz viel Geduld mit Mama. Du schaffst das schon.

Etwas ganz Besonderes hat es mit dem Hören allerdings noch auf sich. Im Unterschied zu meinen anderen Fähigkeiten ermöglicht mir das Hören nämlich einen ersten Kontakt zu meiner Außenwelt jenseits meines fühlbaren und sichtbaren Nahbereichs. Sozusagen meine erste, wenn auch noch passive Verbindung in die weite Welt. Ständig lerne ich neue Geräusche kennen: Staubsauger, Rasenmäher, Waschmaschine, Autohupen. Mit den meisten dieser Geräusche kann ich allerdings noch gar nichts anfangen. Ganz anders, wenn ich Mama die Treppe heraufkommen höre. Sobald sie mein Zimmer betritt, drehe ich meinen Kopf in ihre Richtung und blicke ihr erwartungsvoll entgegen. Ich kann sie zwar nicht sehen, höre aber, aus welcher Richtung sie zu mir kommt.

Es bewegt sich was

Wie ihr seht, bin ich in den ersten Wochen und Monaten nach der Geburt schwer damit beschäftigt, meine Wahrnehmungsfähigkeiten aufzubauen. Was fange ich bloß mit all den Informationen an, die da in zunehmendem Maße auf mich einstürmen? Wozu brauche ich die alle? Eigentlich geht es mir doch gut, wie es ist? Alle sorgen bestens für mich und ich kann mich wirklich nicht beklagen. Aber irgendetwas sagt mir, dass es so wohl nicht bleiben wird. Irgendwann werde ich auf eigenen Beinen stehen und mich selbst um alles kümmern müssen. Dann werde ich eigenständig auf das Sofa klettern und mir meinen Teddy holen können. Denn eines ist mir klar geworden: Meine Entwicklung zielt auf Selbstständigkeit. Ich werde lernen müssen, mich zu VERHALTEN. Langsam merke ich sogar, wie ich schon ein bisschen ungeduldig werde.

Auf der anderen Seite bin ich doch ziemlich froh, dass Mama und Papa immer da sind und noch nicht so viel Selbstständigkeit von mir erwarten. Es wäre sicher ganz furchtbar, wenn sie mich einfach allein in meinem Bett liegen ließen und nicht kämen, um mich zu trösten. Außerdem kann ich bestimmt umso eher und schneller selbstständig werden, je mehr ich mich in meinen ersten Lebensjahren sicher und geborgen fühlen durfte.

Die Grundlage für mein späteres selbstständiges Verhalten liegt zweifelsohne in meinen Bewegungen. Durch entsprechende Bewegungen meiner Arme, Hände und Finger bin ich ja jetzt schon zumindest eingeschränkt in der Lage, aktiv Kontakt mit meiner Umwelt aufzunehmen. Ich kann sie mit meinen eigenen Händen greifen und begreifen. Später wird es mir durch meine Bewegungen möglich sein, meine eigenen Wünsche und Pläne umzusetzen und meine Ziele zu erreichen.

Aber bevor es so weit ist, muss mein Gehirn noch zahlreiche Fertigkeiten und Fähigkeiten erwerben, die mit den vielfältigen Aspekten von Bewegungsabläufen zu tun haben. Um einmal sinnvolle Bewegungen auszuführen, das heißt, in angemessener Weise mit meiner Umwelt in einen aktiven Kontakt treten zu können, benötige ich zunächst einmal möglichst viele Eingänge (sogenannte »Inputs«), die mich mit Informationen über meine Umwelt versorgen.

Über die Eingangskanäle – meine Sinneswahrnehmungen – haben wir schon ausgiebig gesprochen. Wie sieht es nun aber mit den Ausgangskanälen – den sogenannten »Outputs« – aus? Zum Beispiel muss ich ja irgendwann einmal selbst einen Löffel in die Hand nehmen und meine Portion Apfelmus ohne Mamas Hilfe essen können.

Ebenso wichtig ist die Frage, ob ich das Zeug überhaupt essen will oder es besser lasse. Meine Bewegungsfähigkeiten, wie zum Beispiel präzises Greifen, kraftvolles Zupacken, vorsichtiges Abtasten oder Laufen und Springen, müssen also noch mit entsprechenden Bewertungs- und

Entscheidungsprozessen verknüpft werden. Denn schließlich erhalten meine Bewegungen ihren Sinn erst durch das Ziel, mit dem sie verknüpft werden. Es ist ja ein ganz wesentlicher Aspekt meiner späteren Selbstständigkeit, möglichst erfolgreich bestimmen zu können, zu welchem Zweck ich aus bestimmten Bewegungen Handlungen entstehen lasse.

Dazu brauche ich bestimmte Verknüpfungen zwischen meinen Eingängen und Ausgängen. In der Art und Weise, wie ich lerne, solche Verknüpfungen herzustellen, wird sich dann später das widerspiegeln, was als meine Persönlichkeit beziehungsweise mein Charakter bezeichnet wird. Dieses Verknüpfungs- oder Bewertungssystem wird also wesentlich darüber mitentscheiden, wie ich Wahrgenommenes aufnehmen und in Handlung umsetzen werde.

Für solche Überlegungen ist es jetzt natürlich noch viel zu früh. Erst einmal bin ich noch vollständig mit meinen Bewegungsübungen ausgelastet. Der Erfolg stellt sich zwar langsam, aber immerhin stetig ein. Ich trainiere ja auch hart! Außer zum Schlafen gönne ich mir kaum längere Ruhepausen. Und das ja schon seit meiner Zeit in Mamas Bauch: Als sechs Wochen alter Embryo konnte ich schon meinen ganzen Körper krümmen, zwei Wochen später kamen dann die ersten Streckübungen dazu. Gerade mal zehn Wochen alt, fing ich als frisch gebackener Fötus an, ausgiebig mit meinen Fingern zu spielen. Darüber hinaus standen in der ersten Schwangerschaftshälfte auch komplexe Bewegungsabläufe, wie zum Beispiel Gähnen, Saugen, Schlucken und Greifen, auf meinem Stundenplan. Alles noch reflexartig, versteht sich. An eine willentliche Steuerung war noch gar nicht zu denken. Welche Ziele sollte ich da drinnen auch großartig verfolgen? Als Mama meine Turnübungen dann endlich bemerkte, hatte ich also schon ein beachtliches Trainingslager hinter mir. In der zweiten Schwangerschaftshälfte, als es langsam eng wurde, wurde ich schließlich zum leidenschaftlichen Daumenlutscher.

Alles diente nur dem einen Ziel: Sämtliche Bewegungsabläufe perfekt zu beherrschen, wenn mein Großhirn das Kommando übernimmt. Im Hintergrund entwickelt sich nämlich schon eines der komplexesten biologischen Systeme überhaupt, das die übergeordneten motorischen und kognitiven Funktionssysteme in meinem Vorderhirn umfasst. Ich möchte so gut wie möglich vorbereitet sein, wenn sie die Steuerung und Kontrolle über meinen Bewegungsapparat übernehmen. Die für meine Motorik zuständigen Großhirnbereiche stehen in der Entwicklungsreihenfolge ja ganz hinten. Erst kommen das Rückenmark und das Stammhirn und dann schließlich die für meine Motorik zuständigen Bereiche des Großhirns an die Reihe. Die entsprechenden Funktionen in meinem Stamm- und Großhirn beginnen sich dabei erst nach meiner Geburt zu entwickeln. Insofern ist es nicht weiter verwunderlich, dass ich erst jetzt langsam damit anfangen kann, mein wildes Herumrudern unter Kontrolle zu bringen.

Erste Erfolge

Vor ein paar Tagen war Mama im Kino und Papa hatte Besuch von einem Freund. Die beiden saßen mit ihren Weingläsern auf dem Sofa (jetzt darf Papa ja wieder ...) und schauten mir bei meinen Abendübungen zu. Nach einer ganzen Weile meinte Papas Freund ganz beeindruckt, dass ich wirklich ziemlich eifrig bei der Sache sei. Papa überlegte eine Weile, nahm einen tiefen Schluck und stellte dann fest, dass ich so gut wie immer in Bewegung bin und übe. »Mensch«, meinte Papas Freund, »und das ganz freiwillig und ohne Zwang. Hoffentlich ist das später auch noch so. Wenn ich überlege, wie ich meine Kinder immer zu den Hausaufgaben drängen muss ...«

Mit Hausaufgaben kenne ich mich nicht aus, aber ich kann mir eigentlich gar nicht vorstellen, dass mir das Üben irgendwann keinen Spaß mehr machen sollte.

Außerdem wird Hartnäckigkeit offenbar belohnt. Ich bin jetzt ziemlich genau ein halbes Jahr alt und die Welt um mich herum sieht inzwischen schon ganz anders aus: Zum einen kann ich die Dinge in meiner Umgebung immer deutlicher erkennen, und zum anderen bin ich jetzt endlich in der Lage, gezielt nach ihnen zu greifen. Meine Großhirnhälften schaffen es jetzt also tatsächlich, meine

Arme und Beine zu kontrollieren und zu steuern. Und es gibt gleich noch eine Errungenschaft, die mir das Begreifen meiner Umwelt enorm erleichtert: Ich kann frei sitzen! Und ich bin sogar schon geflogen. Allerdings nur Kurzstrecke und mit ziemlich schmerzhafter Landung. Aber der Reihe nach: Nachdem ich meinen Kopf oben halten und mich mit den Armen entsprechend abstützen konnte, habe ich heimlich angefangen, meine Liegeposition zu wechseln. Nachdem ich einigermaßen fit war, wollte ich Mama beim Wickeln eine elegante Rolle vom Rücken auf den Bauch vorführen. Dabei ist irgendetwas schief gegangen. Jedenfalls fand ich mich nach einem kurzen Sturzflug mit unsanfter Landung auf dem Boden wieder. Mama war dann sehr besorgt und hat gleich Papa angerufen. Zu dritt sind wir dann mit dem Auto in die nächste Kinderklinik gefahren.

Zunächst mussten wir warten. Nach einer Ewigkeit ertönte von irgendwoher mein Name, und ich wurde in einem großen, weißen Zimmer ausgezogen und wieder angezogen, wieder ausgezogen und zwischendurch von irgendwelchen Unbekannten überall abgetastet. Irgendwann hat es mir gereicht und ich habe nur noch gebrüllt. Aber zumindest war alles in Ordnung und Mama und Papa durften mich wieder mit nach Hause nehmen. Seit diesem Vorfall werde ich beim Wickeln nicht eine Sekunde aus den Augen gelassen. Aber ich habe ohnehin beschlossen, meine Flugübungen erst einmal auf unbestimmte Zeit zu verschieben.

Mein Wickeltischsturz hatte übrigens noch ein unangenehmes Nachspiel für Mama. Als ob sie sich nicht schon genug Vorwürfe wegen ihrer nachlässigen Beaufsichtigung gemacht hätte, erfuhr zu allem Überfluss auch noch Tante Irene von dieser Sache und kam deshalb gleich persönlich bei uns vorbei. Da Papa arbeiten war, musste Mama an diesem Nachmittag allein mit Tante Irene fertig werden. Kein leichter Job, sage ich euch. Kaum angekommen, marschierte Tante Irene strammen Schrittes in mein Zimmer, um den Tatort ausgiebig zu begutachten. Es gab in meinem Zimmer keinen einzigen Einrichtungsgegenstand, der in ihren Augen Gnade finden konnte. Als sie sich gerade entsetzt über meine »viel zu dünne Bettdecke« und das fehlende Kopfkissen äußerte, sah Mama plötzlich hektisch auf ihre Uhr und meinte, dass wir leider dringend wegmüssten. Ich war ein bisschen erstaunt. Normalerweise erzählt sie mir immer, wenn wir verabredet sind. In jedem Fall zog sie mich schnell an und verließ fluchtartig, Tante Irene immer auf den Fersen, unsere Wohnung. Lustigerweise sind wir dann direkt zum Supermarkt gefahren, obwohl Einkaufen doch eigentlich Papas Aufgabe ist. »Wir brauchen ganz dringend Milch«, erklärte mir Mama auf dem Weg in die Parkgarage und hat dabei etwas verlegen zur Seite geschaut.

Franzis Technik

War das Sitzen am Anfang noch eine aufregende Sache, so beginne ich mich jetzt schon wieder zu langweilen und nach neuen Aktionsfeldern umzusehen. Neidisch und missmutig beobachte ich, wie Mama, Papa und alle anderen vollkommen selbstverständlich durchs Zimmer laufen, während ich auf meiner Spieldecke festsitze. Selbstmitleidig in mein Schicksal versunken, greife ich nach der Gardine und will sie zu mir herunterziehen. Aber anscheinend hängt sie irgendwo fest. Ich ziehe und ziehe, aber nichts passiert. Ich verstärke meine Bemühungen, und plötzlich ist nicht die Gardine unten, sondern ich bin oben! Für einen kurzen Moment habe ich einen tollen Ausblick. Leider hält das Glück nicht lange und ich sitze wieder auf meinem Hinterteil (dafür scheint die Po-Tüte übrigens auch ganz praktisch zu sein).

Begeistert probiere ich gleich aus, wo ich mich in Greifweite noch überall hochziehen kann. Leider funktioniert es nicht überall so gut wie mit der Gardine. Entsprechend niederschmetternd sieht meine Bilanz nach dem ersten Durchgang aus: zwei zerbrochene Vasen, ein kaputter Krug und eine demolierte Stehlampe. Mama und Papa sind zuerst ein bisschen angesäuert und beeilen sich dann, alles Zerbrechliche aus meiner Reichweite zu entfernen. Bei dieser Gelegenheit befestigen sie gleich noch Kindersicherungen in den Steckdosen und verstecken alle scharfen Kanten unter Plastikhütchen. Für diese umsichtigen Sicherheitsmaßnahmen bedanke ich mich dann auch mit ein paar besonders ausgefallenen Showeinlagen.

Das Problem ist, dass ich durch mein Hochhangeln zwar durchaus mehr Überblick habe, aber leider immer noch nicht vom Fleck komme. Das ist wirklich ärgerlich. Aber ich habe ehrlich gesagt auch keine richtige Idee, wie das funktioniert.

Meine Ratlosigkeit dauerte noch eine ganze Weile, bis ich unerwartet Hilfe erhielt. Und zwar ausgerechnet von Franzi – der Tochter von Mamas bester Freundin. Eigentlich kann ich Franzi nicht besonders leiden. Sie ist ziemlich laut und fängt sofort an zu heulen, wenn ihr irgendetwas nicht passt. Außerdem ist sie mit ihren vier Jahren eindeutig zu alt für mich.

Franzi und ihre Mutter besuchen uns regelmäßig und jedes Mal will sie mit mir Baby spielen. Ich mache da einfach nicht mit, aber das stört Franzi wenig. Bei ihrem letzten Besuch hat sie es dann aber geschafft, mich mit den vorausgegangenen Torturen zu versöhnen. Sie fing nämlich an, demonstrativ vor meinen Augen hin- und her zu krabbeln. Ich war total fasziniert von dieser Technik. Einfach genial. Dann war ich dran. Franzi half mir in die richtige Startposition und feuerte mich an. Die ersten Versuche waren ziemlich peinlich, da meine Arme und Beine quasi ein Eigenleben entwickelten. Aber ganz allmählich bekam ich den Dreh raus und war Franzi fast dankbar für ihre Unterstützung. Am Ende des diesmal erstaunlich kurzen Nachmittags mit Franzi hatte ich schon beachtliche Fortschritte erzielt.

Seitdem arbeite ich unermüdlich an meiner Krabbeltechnik und komme jetzt in kürzester Zeit überallhin. Das ist total Klasse. Mama und Papa haben daraufhin nochmals die Sicherheitsvorkehrungen verstärkt. Unter anderem sind jetzt sämtliche Treppenauf- und -abgänge mit Holzgittern verbarrikadiert, die jedem Ansturm meinerseits standhalten. Papa hat sich für die Montage extra eine neue Bohrmaschine gekauft und ein ganzes Wochenende geopfert. Wir haben jetzt auch einen Laufstall. Der ist aber komischerweise so klein, dass man darin gar nicht laufen kann. Mama und Papa setzen mich da immer rein, wenn sie schnell was erledigen müssen und mich deshalb für kurze Zeit nicht beaufsichtigen können. Mamas Freundinnen haben sich bei ihrem letzten Besuch ziemlich entsetzt über meinen Babyknast geäußert. So ganz verstanden habe ich ihre strikte Ablehnung aber nicht. Immerhin gibt es da drinnen gleich vier Seiten zum Hochziehen und ein paar interessante Spielsachen, die mir sonst vorenthalten werden. Und bevor ich mich langweilen kann, bin ich in aller Regel auch schon wieder draußen.

Fingerfertigkeiten

Darüber hinaus habe ich übrigens auch eine neue Greiftechnik entdeckt. Vielleicht erinnert ihr euch ja noch an die Geschichte mit dem »Präzisionsgriff«. Ich habe also gelernt, Daumen und Zeigefinger wie eine Zange zu benutzen, und kann damit jetzt erfreulich genau nach interessanten Dingen greifen. Das erleichtert meine Expeditionen ungemein, schließlich beschäftige ich mich inzwischen nicht mehr ausschließlich mit naheliegenden Dingen. Zusammen mit meiner wachsenden Fähigkeit, die Dinge in meiner Umgebung scharf und dreidimensional sehen zu können, ist in mir eine geradezu unstillbare Neugierde erwacht. Ich muss einfach alles untersuchen, was mir in die Finger und unter die Augen kommt. Dabei konzentriere ich mich auf die Sachen und Ziele, die ich erreichen WILL. In einem begrenzten und von Mama und Papa abgesegneten Umfang kann ich mir jetzt also schon meine eigenen Wünsche erfüllen.

Trotz dieser beachtlichen Fortschritte wird es noch Jahre dauern, bis ich in puncto Fingerfertigkeit mit euch mithalten kann. Damit die Nervenzellen in den entsprechenden motorischen und sensorischen Rindenfeldern meines Großhirns alle ordnungsgemäß feinverschaltet werden können, braucht es wieder einmal viel, viel Übung. Ich werde damit leben müssen, dass ich mit 1,5 Jahren vielleicht gerade mal alleine mit einem Löffel essen kann. Das Geheimnis der Gabel werde ich wohl erst mit 2,5 Jahren knacken und an einen garantiert verletzungsfreien Umgang mit dem Messer ist vor meiner Einschulung kaum zu denken.

Das alles und noch viel mehr würde ich liebend gern schon früher beherrschen. Aber ich weiß beim besten Willen nicht, wie sie funktionieren. Technisch ausgedrückt, fehlt mir im Gehirn eben noch der entsprechende Verschaltungsgrad für diese hochkomplexen motorischen Vorgänge. Da kann man einfach nichts machen.

Die Tatsache, dass ich zwar rekordverdächtig krabbeln, aber eben noch nicht laufen kann, zeigt, dass mein Großhirn die funktionale Steuerung für meine Beine offenbar noch nicht übernommen hat. Beim Krabbeln und Greifen scheinen die Verbindungen zwischen meinem Großhirn und den für die Kontrolle meiner Arm- und Haltungsmuskulatur zuständigen Rückenmarkszellen dagegen schon jetzt ganz gut zu funktionieren.

Oma wundert sich gewaltig

Ich liege auf dem Teppich im Wohnzimmer und erhole mich von dem Chaos. Das war vielleicht ein Tag! Heute Morgen haben mich Mama und Papa mit einem brennenden Kuchen geweckt und dazu zweistimmig falsch gesungen. Dann hatten wir den ganzen Tag Besuch. Alle haben mir gratuliert und bunt eingepackte Päckchen mitgebracht, die ich mit wachsender Begeisterung aufgerissen habe.

Neben den beiden Omas und Opas waren auch Mamas Freundinnen mit ihren Kindern da. Mama musste entsetzt feststellen, dass unser vermeintlich kindersicheres Wohnzimmer dem Ansturm anderer kleiner Besucher nicht in allen Punkten standhielt. Eines versuchte beispielsweise in affenartiger Geschwindigkeit unsere Schrankwand hochzuklettern und sich oben ins CD-Fach zu setzen, während ein anderes begeistert Mamas Pflanzengranulat auf dem Boden verteilte. Ich beschloss, beides bei sich bietender Gelegenheit selbst auszuprobieren.

Da Mama neben der Chaosbeseitigung beziehungsweise -verhinderung auch noch unsere Gäste unterhalten musste, war sie ziemlich im Stress. Oma eins (die mit der lauten Stimme) entfachte am Kaffeetisch schließlich eine hitzige Debatte darüber, »was ein Kind mit einem Jahr alles können sollte«.

»Ich weiß nicht«, sagte Oma am Ende der Diskussion zu Mama und musterte mich dabei halb kritisch, halb besorgt, »als du so alt warst, konntest du längst laufen. Irene meint auch, dass sich da langsam mal was tun könnte.« Mama reagierte ziemlich cool und meinte nur, dass Kinder schließlich keine Maschinen seien und sich eben unterschiedlich schnell entwickeln würden. Ich würde das schon noch rechtzeitig lernen. Ein bisschen beleidigt war ich aber trotzdem. Als Oma eins am Ende des Nachmittags gehen wollte, hat es übrigens über eine halbe Stunde gedauert, bis sie ihre Handtasche in meiner Spielkiste gefunden hatte.

Zwischendurch musste ich mal wieder auf Franzis Hilfe zurückgreifen. Habe ich tatsächlich einmal gedacht, dass ich Franzi nicht leiden kann? Nach unserem erfolgreichen Krabbeltrainingslager vor ein paar Wochen stand diesmal Laufen auf dem Programm. Oma eins sollte sich am Ende des Nachmittags gewaltig wundern (… nicht nur wegen der Handtasche …).

Franzi und ich suchten uns eine vermeintlich ruhige Ecke. Dort zog mich Franzi an den Händen in den Stand hoch und ließ mich los. Die ersten Male schwankte ich nur gewaltig hin und her und setzte mich wieder auf meinen gepolsterten Po. Nach einigen erfolglosen Versuchen schaffte ich es dann, einen Fuß vor den anderen zu setzen und zwei Schritte zu LAUFEN, bevor ich wieder auf meinem Allerwertesten landete. In der Zwischenzeit hatten sich fast alle meine kleinen Gäste um uns herum versammelt und sahen interessiert zu.

Durch die verdächtige Stille alarmiert, warfen Mama und Oma eins einen besorgten Blick in unsere Ecke. Ich blickte Oma triumphierend an, ließ mich von Franzi hochziehen und lief dann VIER sagenhafte Schritte. »Das gibt es doch nicht!«, rief Oma eins und ließ vor Staunen ihre Kaffeetasse fallen (was ihr furchtbar peinlich war). Mama strahlte, und ihr Blick verriet, dass sie in diesem Moment furchtbar stolz auf mich war. Ich war auch furchtbar stolz auf mich und ein bisschen auch auf Franzi, die wegen Omas Kaffeetasse einen furchtbaren Lachanfall bekam.

Jetzt kann ich also laufen. Zwar sieht das zurzeit noch nicht so richtig elegant aus, und meine Kondition muss auch noch besser werden, aber insgesamt bin ich doch hochbegeistert und komme mir richtig erwachsen und selbstständig vor.

Aus diesem Grund lehne ich Mamas und Papas Hilfe immer häufiger ab und versuche, allein klarzukommen. Das klappt allerdings nicht immer. Beinahe wäre es zu einem bösen Sturz gekommen, als ich unsere Treppe im Sturm erobern wollte. Den konnte Papa zum Glück in allerletzter Sekunde verhindern. Kurz darauf bin ich bei einem unautorisierten Ausstiegsversuch aus meinem Buggy gefallen, aber zum Glück weich gelandet. Aber es geht jeden Tag etwas besser.

Bewegung ist nicht alles

Wie ihr seht, sind das Erlernen und Umsetzen zielführender Bewegungsabläufe für mich noch alles andere als ein Kinderspiel. Aber das ist längst nicht alles. Schließlich soll mein Verhalten einmal nicht bloß alle meine Bewegungen und Handlungen, sondern auch alle meine gedanklichen Konzepte, Gefühle, Bewertungen und Gedächtnisleistungen umfassen.

Außerdem wird es später für mich sehr wichtig sein, die Auswirkungen und Konsequenzen meiner Handlungen richtig einschätzen zu können. In einigen Fällen wird das leichter und in anderen dagegen schwerer sein.

Um mich erfolgreich zu verhalten, das heißt die Wahrscheinlichkeit zu erhöhen, meine Ziele zu erreichen, reicht eine optimale Entwicklung meiner motorischen Fähigkeiten somit nicht aus. Ich muss darüber hinaus üben, sie im richtigen Moment und auf die richtige Weise einzusetzen. Ihr nennt das »soziale Kompetenz«.

Für den Erwerb einer hohen sozialen Kompetenz wird es für mich ganz besonders wichtig sein, angepasste Verhaltensstrategien entwickeln zu können und nicht jedes Mal mit dem Kopf durch die Wand zu wollen. Je besser ich dabei mein jeweiliges Gegenüber und seine Bedürfnisse einschätzen kann und je mehr ich meine eigenen Gefühle und Wünsche im Griff habe, umso wahrscheinlicher werde ich erfolgreich sein. Dabei ist von ausschlaggebender Bedeutung, dass ich darüber hinaus über die Fähigkeit verfüge, an einer Sache dranbleiben zu können, und nicht meine Ziele kurzfristigen Bequemlichkeiten oder Verlockungen opfere. Es wird sich nämlich einmal als großer Vorteil erweisen, wenn ich dadurch zielstrebig und geduldig auf ein Ziel hinarbeiten kann, ohne mich vom Weg abbringen zu lassen. Und seien die Verlockungen noch so groß.

Eine der wichtigsten Aufgaben meines Gehirns besteht also ab jetzt darin, zu lernen, »das Richtige zu wollen«! Das alles ist natürlich nicht angeboren, sondern muss nach und nach gelernt werden. Diese »soziale Entwicklung« vollzieht sich vor dem Hintergrund einer riesigen Plastizität (Umbautätigkeit) meines Gehirns. Mein Gehirn funktioniert in diesem Zusammenhang wie eine Art Schwamm und saugt alles auf, was ich in meiner Umgebung immer wieder sehe und erlebe.

Erst fühlen, dann handeln

Zunächst einmal fallen meine Gefühle nicht vom Himmel. Vielmehr verhält es sich auch bei meinen Gefühlen so wie bei der Entwicklung meiner Sinneswahrnehmungen und Bewegungsleistungen. Sie entwickeln sich Schritt für Schritt und durch ständiges Üben. Meine Gefühlswelt verfügt dabei über zwei verschiedene Seiten: eine private Sphäre, die mein inneres Empfinden betrifft, und eine öffentliche Sphäre, die meine nach außen gezeigten Gefühlsäußerungen umfasst. Beide hängen natürlich eng zusammen, und oft verraten unser spontanes Verhalten, unsere Körperhaltung und unser Gesichtsausdruck bestimmte Gefühle, die wir vor unserem Gegenüber vielleicht sogar verbergen wollten.

Manchmal kann es natürlich außerordentlich nützlich und sinnvoll sein, bestimmte Gefühle vor unserem Gegenüber zu verbergen und sich nett oder zumindest neutral zu verhalten. Wahrscheinlich hat jeder von uns in seinem Leben ein paar Menschen, mit denen er trotz ausgeprägter Abneigung auskommen muss. Bei mir ist es Tante Irene, die sich immer wieder in unangenehmer Weise in mein

Leben einmischt und um die ich einfach nicht herumkomme. Unter euch Erwachsenen soll es ja richtige Profis geben, die ihre wahren Gefühle meisterhaft verbergen können. Umso wichtiger und angenehmer ist es dann, sich bei seiner Familie und engen Freunden wirklich öffnen zu dürfen und nicht verstellen zu müssen.

Die meisten Menschen haben früh gelernt, angenehme von unangenehmen Gefühlen zu unterscheiden. Die angenehmen (wie Freude, Stolz, Liebe) sind gern gesehene Gäste in unserem Gefühlsleben, während wir die unangenehmen (wie Angst, Enttäuschung, Wut und Traurigkeit) am liebsten vor der Tür stehen lassen würden. Leider funktioniert das aber nicht, da sie untrennbar miteinander verbunden sind. Ich werde also unbedingt lernen müssen, mit meinen Gefühlen angemessen umzugehen. Dazu gehört auch, dass ich die Gefühle der anderen richtig deuten können muss, um dann beides zusammen in möglichst optimale Verhaltensstrategien umzusetzen. Je besser mir das später gelingt, umso erfolgreicher wird meine eigene Persönlichkeitsentwicklung verlaufen und umso optimaler werde ich mich in meinem sozialen Umfeld zurechtfinden können.

Meine größten Vorbilder sind hier Mama, Papa und meine restliche Familie (später dann natürlich auch meine Lehrer und Freunde). Ich schaue ganz genau hin, wie sie alle ihre Gefühle ausdrücken und bewältigen. Ob Mama und Papa fair miteinander streiten oder ob Auseinandersetzungen mit Wutausbrüchen enden, ich speichere alles ganz genau ab, um bei passender Gelegenheit darauf zurückgreifen zu können. Mama und Papa bekommen das mit der Kommunikation übrigens ganz gut hin. Papa ist

nur manchmal ein bisschen genervt, weil Mama alles aus-
diskutieren muss, und Mama wirft Papa gelegentlich vor,
ein bisschen maulfaul zu sein.

Eigentlich haben sie sich nur ein einziges Mal richtig
schlimm gestritten. Das war allerdings ganz furchtbar. Ich
weiß auch gar nicht mehr, worum es eigentlich ging. Vielleicht wussten sie es sogar selber nicht so genau. In jedem
Fall wurde ihre Auseinandersetzung immer lauter. Irgendwann hat Mama mich wutschnaubend gepackt, ist mit
mir aus dem Haus ins Auto gerannt und direkt zu Franzis
Mutter gefahren. Die ganze Fahrt über hat sie abwechselnd geschimpft und geschluchzt. Ich habe mich schreck-
lich unwohl gefühlt. Bei Franzi angekommen, wollte ich
dann auch gar nicht mit ihr spielen. Ich blieb einfach ein
bisschen ratlos auf Mamas Schoß sitzen und lauschte dem
Gespräch. Zuerst hat Franzis Mama auch nur zugehört
und Mama in regelmäßigen Abständen ein Taschentuch
gereicht. Als sich Mama wieder einigermaßen beruhigt
hatte, fragte sie vorsichtig nach, was eigentlich genau passiert sei. Mama brach prompt in Tränen aus und musste
sich erst wieder beruhigen. Dann meinte sie sichtlich mitgenommen, dass sie noch nie so schlimm mit Papa gestritten hätte und überhaupt nicht wisse, wie es jetzt weitergehen soll.

»Was mache ich nur, wenn er sich jetzt von mir
trennt?«, fragte sie Franzis Mama verzweifelt. Ich schluck-
te. Wir können uns doch nicht einfach von Papa trennen!
Mama erzählte Franzis Mama dann von ihrer ehemaligen
Arbeitskollegin Hilde. Diese Hilde hat die gleiche Ausbildung gemacht wie Mama, dann geheiratet und drei Kinder bekommen. Ihrem Mann war das offensichtlich alles

ein bisschen zu viel und er hat sich schließlich von ihr getrennt. »Und jetzt sitzt sie da!«, sagte Mama. »Einen Haufen Schulden und drei kleine Kinder!« Niemals würde Hilde in ihrer Situation noch einen Job bekommen. Wer stellt schon eine Mutter mit drei kleinen Kindern ein, die dauernd krank werden können? »Das kann man vergessen«, sagte Mama düster, »alleinerziehend zu sein kann der Schritt in Richtung sozialer Abstieg sein!« Franzis Mama hat sie dann fest in den Arm genommen und ihr versichert, dass bestimmt wieder alles in Ordnung kommt. In dem Moment klingelte das Telefon. Es war PAPA. Endlich! Mama und Papa haben dann ewig telefoniert. Keine Ahnung, was sie alles besprechen mussten. Aber in jedem Fall ist Mama gleich nach dem Telefonat mit mir wieder nach Hause gefahren. Papa stand schon in der Tür, hat uns beide fest gedrückt und alles war wieder gut. Trotzdem gibt es seit diesem Tag in meinem Leben noch ein weiteres Schreckgespenst neben dem Thema Arbeitslosigkeit: Trennung von Papa!

Ihr ahnt es sicher schon. Obwohl wir umgangssprachlich noch immer auf eine falsche Fährte gelockt werden (»Was hast du auf dem Herzen?«), ist das zuständige Organ für unsere Gefühle natürlich das Gehirn und nicht das Herz. Tatsächlich zählen die Fähigkeiten, Gefühle erzeugen und steuern sowie Gefühlsäußerungen wahrnehmen und bewerten zu können, zu den komplexesten und wichtigsten Leistungen unseres Gehirns überhaupt.

Was ist nun aber überhaupt ein Gefühl? Ein Gefühl ist gewissermaßen eine Art spontaner Bewertung im Gehirn, wodurch ganz bestimmte Verhaltensbereitschaften eingestellt werden. Damit verfügt unser Gehirn über eine äußerst pfiffige Strategie, mit der wir angemessen und vor allem blitzschnell auf kritische Situationen reagieren können, ohne lange nachdenken zu müssen. In brenzligen Situationen fehlt uns dazu nämlich oft die Zeit. Eine solche Strategie kann manchmal lebensrettend oder zumindest schadensbegrenzend sein.

So war gestern wieder einmal Franzi mit ihrer Mama zu Besuch und wir haben zusammen Nudeln gekocht. Da Franzi schon ein großes Mädchen ist, durfte sie neben der Herdplatte sitzen. Ihre Mutter hat ihr immer wieder eingeschärft, nicht an den Topf mit dem kochenden Wasser zu fassen. Irgendwann tat sie es dann doch, zog aber ihre Hand blitzschnell zurück und schrie wie am Spieß. In dieser kurzen Zeit konnte sie keinesfalls über ihre brenzlige Situation nachgedacht haben. Verantwortlich für Franzis schnelle Reaktion war ihr »limbisches System« im Gehirn, das ihr ja schon von der unbewussten Geruchsverarbeitung her kennt.

Von ungehobelten Egoisten

Ich kann zugegebenermaßen manchmal ein bisschen anstrengend sein. Das liegt unter anderem daran, dass meine Gefühlswelt erst unvollständig entwickelt ist. Wenn ich beispielsweise Hunger habe, brauche ich SOFORT etwas zu essen oder werde unausstehlich. Mama kann ein Lied davon singen. Ich freue mich aber auch, wenn mir danach ist, und ich werde wütend, wenn mir danach ist. Dabei kann ich zunächst überhaupt noch nichts mit diesen Regungen anfangen und schon gar nicht über die möglichen Auswirkungen meines Verhaltens nachdenken.

Dieser Mangel an Diplomatie hängt eng damit zusammen, dass die entsprechenden Nervenzellsysteme in der Großhirnrinde und in den zu unserem limbischen System gehörigen Teilen des Gehirns bei meiner Geburt noch nicht ausreichend entwickelt sind. Positiv ausgedrückt sind wir Babys halt grundehrliche Geschöpfe.

Trotzdem verfüge ich recht bald bereits über ein breites Repertoire an spontanen Gefühlsäußerungen. Ich kann ganz jämmerlich und herzerweichend weinen, wütende Grimassen schneiden und gewinnend lächeln beziehungsweise sehr charmant grinsen. Und ich kann wahre Gefühlsausbrüche hinlegen. Das verdanke ich meinen beiden sogenannten Mandelkernen, die sich in meinen Schläfenlappen befinden. Bei meiner Geburt sind die beiden schon ganz gut entwickelt und sorgen dafür, dass jeder frisch geschlüpfte Erdenbürger sofort unmissverständlich bestimmte Gefühle wie Zufriedenheit, Neugierde, aber auch Entsetzen und Furcht ausdrücken kann. Was aber nicht bedeutet, dass ich solche Gefühle auch so empfinde wie ihr. Lasst euch also nicht täuschen. Auch wenn es auf den ersten Blick nicht den Anschein hat, von eurem Gefühlsleben bin ich noch meilenweit entfernt. Hierzu sind mein Großhirn und besonders mein Frontalhirn einfach noch nicht weit genug entwickelt. Konkret bedeutet das, dass die Nervenzellsysteme der entsprechenden Rindenfelder noch nicht entsprechend ausgebildet sind.

Ich bin also zunächst einmal gar nicht und dann in den ersten zwei Jahren nach der Geburt nur sehr unzureichend in der Lage, meine Gefühle wahrzunehmen und irgendwie in den Griff zu bekommen. Erst im Alter von sechs Monaten beginnen wir Babys langsam ähnliche Gefühle wahrzunehmen wie ihr, und mit zwei Jahren beginnen sich allmählich die für die Steuerung meiner Gefühle zuständigen Verbindungen zu entwickeln, zum Beispiel solche vom Frontalhirn in die Mandelkerne. Die Entwicklung meines Frontalhirns, einschließlich seiner Kontrolle über die Mandelkerne, ist eine ziemlich aufwändige und langwierige Geschichte, die mich über meine gesamte Kindheit und Jugend hinweg beschäftigen wird und sehr eng mit der Entwicklung meiner gesamten Persönlichkeit verknüpft ist.

Meine Freude und mein Stolz, die ich über meine ersten Schritte oder meine sich langsam entwickelnde Zuneigung zu Franzi zum Ausdruck bringe, sind also in jedem Fall echt, aber ich nehme sie eben noch nicht bewusst wahr. Trotzdem werden vor allem extrem positive beziehungsweise negative Erfahrungen oder fehlende Anregungen zu diesem Zeitpunkt meine weitere Entwicklung maßgeblich mitbestimmen. Unter anderem beeinflussen sie die Entwicklung und damit die Funktion meiner Mandelkerne und meines Stirnhirns, die für meine sich noch entwickelnden emotionalen und sozialen Kompetenzen die grundlegende Rolle spielen. Spätestens jetzt wird wohl klar, warum wir Babys und Kleinkinder für unsere gesamte weitere Entwicklung so dringend ganz viel Wärme, Liebe, Körperkontakt, Geborgenheit und Sicherheit brauchen.

Obwohl ich jetzt schon über ein Jahr alt bin, kann ich also immer noch nicht wirklich über die Auswirkungen meines Verhaltens nachdenken. Dazu fehlen mir einfach die entsprechend entwickelten Strukturen in meiner Großhirnrinde. Es tut mir Leid, wenn ich euch deshalb manchmal wie ein ungehobelter Egoist vorkomme, aber ich kann beim besten Willen nicht anders.

Papa fragt sich auch manchmal, ob ich nicht strenger erzogen werden müsste beziehungsweise ob mein Verhalten ein Zeichen mangelnder Selbstbeherrschung ist. Als ich mich letzten Samstag im Supermarkt mitten im dichtesten Einkaufsgewühl wütend vor dem Keksregal auf den Boden warf und nicht mehr aufstehen wollte, fand Papa das alles andere als lustig. Dann kam zu allem Überfluss auch noch eine nette ältere Dame mit ein paar Erziehungstipps für den »hilflosen Vater«, und Papa ist fast explodiert. »Nie wieder nehme ich dich zum Einkaufen mit«, hat er mir wütend zugezischt, nachdem er mich sicher im Auto verstaut hatte. Mama hasst solche Situationen übrigens genauso, da sind sie sich ausgesprochen einig.

Zu meiner Verteidigung kann ich vielleicht noch anführen, dass ich im Moment mit der Entwicklung meines sensorischen und motorischen Systems vollkommen ausgelastet bin. Da kann ich mich beim besten Willen nicht zusätzlich um angemessene Gefühlsäußerungen kümmern. Inzwischen weiß ich aber auch, dass Mama und Papa (und auch die Omas und Opas) immer gut für mich sorgen, auch wenn sie mich manchmal anstrengend oder undankbar finden. Mit etwas anderem als dieser zuverlässigen Zuwendung könnte ich im Moment auch noch gar nicht umgehen. Ich brauche also weder eine Frühförderung noch eine Früherziehung, sondern einfach nur Mama und Papa, die manchmal das eine oder andere Auge für mich zudrücken.

Großbaustelle Großhirnrinde

Wisst ihr noch, wie wir uns über die gewaltige Massenzunahme meines Gehirns während meines ersten Lebens-
jahrs nach der Geburt gewundert haben? Wir haben uns
gefragt, wie dieser gewaltige Zuwachs wohl zustande
kommt. An der Zahl meiner Nervenzellen kann das jedenfalls nicht liegen. Denn von wenigen Ausnahmen abgesehen, sind sie alle ja schon im ersten Drittel meiner Zeit
in Mamas Bauch entstanden. Und noch vor meiner Geburt musste ich dann mit ansehen, wie sich ein großer Teil
von ihnen auch schon wieder verabschiedete.

Inzwischen habe ich herausgefunden, dass die laufend
neu entstehenden Verknüpfungen zwischen meinen Nervenzellen (Synapsen) für die gewaltige Massenzunahme
meines Gehirns verantwortlich sind. Der allergrößte Teil
(80 Prozent) des gesamten Dendritenwachstums der Nervenzellen in meiner Großhirnrinde findet nämlich erst
nach meiner Geburt statt. Bei diesen Dendriten handelt es
sich, wie bereits erwähnt, um Empfangskontaktstellen, an
denen sich andere Nervenzellen andocken können. Entsprechend nimmt die Gesamtzahl der Synapsen in meiner
Großhirnrinde im ersten Jahr hier draußen zunächst weiter
kontinuierlich zu.

Doch dann passierte in den Rindenfeldern meines Gehirns etwas ziemlich Beängstigendes: Ich konnte gerade mal laufen, da begann die Verknüpfungsdichte dort schon wieder rasant abzunehmen. Jeden Tag verliere ich hier jetzt etwa 20 Milliarden Synapsen und ein Ende ist nicht in Sicht. Gerüchten zufolge wird dieser Verlust bis in meine Jugendzeit anhalten. Als Erwachsener werde ich dann gerade noch etwas mehr als die Hälfte der synaptischen Verknüpfungen besitzen, die mir im zarten Alter von einem Jahr gehörten.

Eine rasante Talfahrt also. Die frischgewonnenen Verknüpfungen in meinem Frontalhirn bleiben übrigens auch nicht verschont. Hier beginnt die Abnahme allerdings erst, wenn ich etwa sieben Jahre alt bin, und dauert dann so ungefähr bis zu meiner Pubertät. Ausgerechnet während meiner Schulzeit verringert sich also die Verknüpfungsdichte in meinem Gehirn nachhaltig. Eine interessante Erkenntnis, die ich später unbedingt meinen Lehrern mitteilen muss.

Trotz dieser Abnahme legt mein Gehirn weiter an Gewicht zu. Unter anderem liegt das daran, dass es natürlich nicht nur aus Nervenzellen besteht. Das habe ich bisher ganz verschwiegen. Es gibt da zum Beispiel auch eine früher etwas abfällig als Hilfszellen bezeichnete Gruppe lebensnotwendiger Spezialisten, die sogenannten »Gliazellen«. Diese tragen beispielsweise dazu bei, dass die Signalübertragungen zwischen den einzelnen Nervenzellen mit einer so atemberaubenden Geschwindigkeit ablaufen können. Das ermöglicht erst viele der für uns selbstverständlichen Fertigkeiten und ist somit für die hohe Leistungsfähigkeit unseres Gehirns enorm wichtig. Auch dieses System entwickelt sich gerade jetzt und bringt natürlich zusätzlich Gewicht auf die Waage.

Interessanterweise fällt die Entwicklung meines Gefühlslebens und meiner Persönlichkeitsmerkmale exakt in die Talfahrtphase meiner Synapsen. Diese zahlenmäßig so dramatische Verknüpfungsabnahme ist in Wirklichkeit die Folge eines in dieser Phase anhaltenden Umbaus meiner Nervenzellnetze. Während dieses entwicklungsbedingten Umbaus bilden sich diejenigen Verbindungsmuster heraus, die später die Grundlage für meine entsprechend entwickelten Fähigkeiten darstellen.

Während viele dann nicht mehr genutzte Verbindungen aufgegeben werden, nimmt zugleich die Funktionalität der Systeme zu. »Klasse statt Masse« lautet also das Motto meines Gehirns.

In seiner Komplexität und Dynamik ist dieser Vorgang einzigartig. Jetzt ist mir auch klar, warum ich mich mit der Herstellung dieser Verbindungen so beeilen musste. Die Umbaumaßnahmen in meiner Großhirnrinde sollten doch unbedingt im Zuge der für meine weitere Entwicklung so wichtigen prägenden Erfahrungen hier draußen stattfinden.

Meine gesammelten Empfindungen und Erfahrungen schlagen sich nämlich in der synaptischen Feinabstimmung meiner entsprechenden Nervenzellnetze nieder. Somit beeinflussen und prägen mich diese frühen Erfahrungen viel stärker als alle späteren Belehrungen und Bestrafungen zusammen. Auch wenn ich mich an die einzelnen Ereignisse aufgrund meiner »kindlichen Vergesslichkeit« später gar nicht mehr erinnern kann, haben sie sich doch tief in mein Gefühlsleben eingegraben. Dieses

»emotionale Gedächtnis« wird dann später mein gesamtes Erleben und Verhalten prägen.

Ich habe in meinem ersten Lebensjahr erlebt, dass immer jemand kommt und sich um mich kümmert, wenn es mir schlecht geht. Also werde ich wahrscheinlich auch später darauf vertrauen können, dass mir geholfen wird. Ich habe mitbekommen, dass Mama und Papa zärtlich, liebe- und respektvoll miteinander umgehen und Konflikte konstruktiv zu lösen versuchen. Also werde ich die Menschen in meiner Umgebung mit großer Wahrscheinlichkeit auch entsprechend fair behandeln. Wie würde meine weitere Entwicklung wohl ablaufen, wenn ich immer wieder erleben müsste, dass Papa in Konfliktsituationen laut oder sogar gewalttätig wird? Sehr wahrscheinlich würde ich dann als Jugendlicher und später als Erwachsener meine Probleme auf die gleiche Art aus der Welt schaffen wollen.

Was ihr wollt

Meine emotionalen sowie sozialen Kompetenzen und eben die ganze Vielfalt meiner Persönlichkeitsmerkmale müssen sich erst behutsam entwickeln. Dazu brauche ich Vorbilder, an denen sich die Entwicklung der zugrunde liegenden Strukturen meines Gehirns orientieren kann. Diese Vorbilder kann ich mir aber selbst nicht aussuchen, sie werden mir von euch vorgegeben. Mein Gehirn muss die Signale nutzen, die es vorfindet, und ist insofern für das Ergebnis seiner eigenen Entwicklung nicht verantwortlich zu machen. Die Verantwortung liegt bei euch Erwachsenen. Jemand hat einmal gesagt: »Jede Gesellschaft hat die Kinder, die sie verdient.« Ich möchte euch aber fragen: »Hat die Gesellschaft die Kinder, die sie will?« Schließlich entscheidet ihr doch, was ihr wollt. Was soll zum Beispiel mit dem Übermaß an Gewaltdarstellungen in den Medien erreicht werden? Sicherlich nicht die Fähigkeit zu Liebe und Respekt.

Im Fernsehen gibt es aber auch interessante Dinge zu sehen. Neulich habe ich in diesem Zusammenhang eine lebhafte Diskussion zwischen Mama und Papa belauscht. Sie saßen abends vor dem Fernseher, als ich mal wieder ganz leise ins Wohnzimmer geschlichen kam. Ich kann mein Zimmer jetzt nämlich verlassen, wann ICH es WILL. Im Fernsehen lief gerade eine Diskussionsrunde mit Wissenschaftlern und Philosophen. Die interessantesten Sachen werden immer gezeigt, wenn ich eigentlich längst im Bett liegen sollte. Es ging um den »freien Willen«. Ich wurde neugierig und versteckte mich hinter dem Sofa, um weiter zu lauschen. Wenn es stimmt, was einer der Diskussionsteilnehmer sagte, dann hat mich gar nicht mein freier Wille dazu veranlasst, heimlich ins Wohnzimmer zu schleichen. Merkwürdige Vorstellung. Mein gerade erwachendes Selbstbewusstsein begann sofort zu rebellieren. Ist da etwa noch jemand in mir, der mir zuflüstert, wo es langgeht? Bin ich nur eine Marionette meines Gehirns? Ich war mucksmäuschenstill. Ein anderer Diskussionsteilnehmer der Fernsehrunde ging noch weiter: »Der Mensch hat nicht nur keinen freien Willen und ist daher für seine Handlungen auch nicht wirklich verantwortlich, sondern außerdem ist alles vorbestimmt, was so passiert.« An dieser Stelle hat sich Papa ziemlich aufgeregt. »Stell dir vor«, sagte er zu Mama, »unsere Mannschaft läuft am nächsten Sonntag auf den Platz, und es steht schon vorher fest, wie das Spiel ausgeht. Da kann ich ja gleich zu Hause bleiben.« An dieser Stelle bin ich dann wieder ganz leise in mein Zimmer zurückgeschlichen. Ich hörte Mama und Papa aber noch eine Weile weiterdiskutieren und konnte lange nicht einschlafen. Ich dachte immerzu: Hoffentlich nehmen Mama und Papa das nicht zu ernst. Für mich ist der »freie Wille« der von mir empfundene »Antrieb«, etwas zu tun oder zu lassen. Alles natürlich als Ergebnis verschiedener Prozesse meines Gehirns. Ich kann mir gar nicht vorstellen, dass es einen »Willen« gibt, der mir sagt, was ich tun soll. Es ist mein Gehirn, das nach gründlicher Abwägung aller ihm zur Verfügung stehenden Signale und seiner Erfahrungen bestimmte »Handlungsbereitschaften« erzeugt, mich also antreibt. Mit meiner ganzen Persönlichkeit werde ich dann diesen »Antrieb« als meinen eigenen freien Willen vertreten. Das ist biologisch gesehen eine sehr praktische Sache. Insofern bin ich natürlich auch für alles, was ich anstelle, verantwortlich. So wie ihr Erwachsenen für meine Entwicklung mitverantwortlich seid. Da könnt ihr gar nichts gegen tun. Ihr müsst wissen, »was ihr wollt«. Also seid mir bitte gute Vorbilder!

Mein Leben als Windel-Casanova

Aber wie kann ich über Gefühle reden, ohne die Frauen in meinem Leben zu würdigen! Meine sich langsam für Franzi entwickelnden Gefühle habe ich euch ja schon geschildert. Dabei habe ich doch glatt vergessen, die Hauptfrau in meinem Leben angemessen zu erwähnen: meine MAMA. Am Anfang konnte ich ihre liebevollen Gefühle ehrlich gesagt gar nicht so richtig erwidern. Dazu fehlten mir ja noch die erforderlichen Verknüpfungen zwischen Frontalhirn und limbischem System, die sich übrigens umso besser entwickeln, je mehr positive Rückmeldungen und somit Verstärkungen ich von euch auf meine am Anfang noch etwas unbeholfenen Kontaktversuche erhalte.

Trotzdem habe ich sehr schnell, schon so etwa vier Wochen nach meiner Geburt, herausbekommen, dass ich mit Hilfe eines charmanten Lächelns von Mama fast alles bekommen kann. Ihr hättet sie sehen sollen, als ich sie zum ersten Mal so richtig anlächelte. Was sie nicht wusste: Mir was das völlig gleichgültig. Ich war damals auch noch gar nicht in der Lage, ihre Reaktionen richtig einzuschätzen. Auf jeden Fall erfüllt seither mein sogenanntes »soziales Lächeln« seinen Zweck: Mama liest mir jeden Wunsch von den Augen ab. Sie überlässt mir dann sogar ihre teuren Lederhandschuhe zum Herumkauen. Bei Papa funktioniert mein »soziales Lächeln« leider nicht so zuverlässig. Wenn er sich richtig ärgert, komme ich mit meinem Charme auch nicht weiter. Ich muss dann warten, bis er sich wieder beruhigt hat (was zum Glück meistens schnell geht). Und es gab noch eine Sache, mit der ich Mama restlos begeistern konnte. Vier Wochen nachdem ich den Trick mit dem Lächeln entdeckt hatte, lagen Mama und ich gemütlich auf dem Sofa. Mama hatte gerade aufgehört zu telefonieren und berichtete mir ausführlich, was Franzis Mama ihr gerade alles erzählt hatte. Als sie irgendwann eine kurze Pause machte, holte ich tief Luft und öffnete den Mund, um ihr zu antworten. Heraus kam eine Reihe von Glucks-, Gurgel- und Quietschlauten, zu denen ich wild mit Händen und Füßen ruderte. Mama war hin und weg und hörte meinem Vortrag begeistert zu. Am Abend zog sie Papa komplett mit Mantel und Tasche ins Wohnzimmer, damit er gleich meine ersten Sprechversuche bewundern konnte.

An dieser Stelle muss ich jedoch selbstkritisch anmerken, dass diese Aussage von Mama nicht ganz richtig ist. Während meiner ersten Lautäußerungen waren nämlich die für die sogenannten »emotionalen Lautäußerungen« zuständigen Regionen des limbischen Systems aktiviert und nicht die für die Sprachbildung und das Sprachverständnis zuständigen Regionen der Großhirnrinde. Alles wichtige Vorbereitungen für meine späteren emotionalen und sozialen Fähigkeiten.

Hinzu kam noch, dass ich eigentlich schon seit meiner Geburt mit Begeisterung Mamas und Papas verschiedene Gesichtsausdrücke nachgemacht habe. Als sich dann nach sechs Monaten meine ersten eigenen echten Gefühle einstellten, konnte ich sie deshalb auch sofort auf meinem Gesicht entsprechend ausdrücken. Bevor ich sie überhaupt bewusst wahrgenommen habe, konnte ich also schon verschiedene Gefühlsausdrücke unterscheiden. So ähnlich funktionierte das auch mit dem Weinen. Vielleicht erinnert ihr euch noch daran: Sobald im Krankenhaus ein Baby zu weinen anfing, fielen alle anderen mit ein. Und dabei war noch keines von uns zu diesem Zeitpunkt in der Lage, wirklich traurig zu sein.

Als ich etwa sechs Monate alt war, tauchten dann mit einem Mal sämtliche Gefühle in meinem Bewusstsein auf. In dieser Zeit haben meine Stirnhirnregionen damit begonnen, sich an die tieferen Strukturen meines limbischen Systems anzukoppeln. Das ist übrigens eine ziemlich langwierige Angelegenheit, die bis über meine Pubertät hinaus andauern wird. Es ist schwer zu beschreiben, wie ich mich in diesem Moment gefühlt habe. Ein bisschen so, als ob ich zum ersten Mal wirklich bewusst da wäre. Als würde plötzlich ein Schleier vor meinen Augen weggezogen. Ich blickte Mama an und es war um mich geschehen.

Von nun an wollte ich ständig in ihrer Nähe sein und ihre ungeteilte Aufmerksamkeit für mich haben. Mit unseren gemütlichen Telefonsitzungen auf dem Sofa war es vorbei. Ich protestierte so lange und lautstark, bis Mama resigniert auflegte und sich mit mir beschäftigte. Meistens zeigte sie großes Verständnis für mein Verhalten. Aber manchmal war ihr meine Anhänglichkeit auch zu viel und sie reagierte genervt. In diesen Momenten fühlte ich mich dann unendlich im Stich gelassen und zu Tode betrübt.

In dieser schwierigen Zeit entpuppte sich Papa häufig

als Krisenmanager und rettete die Situation. Er reichte mir dann mit verständnisvollem Blick meine Teeflasche und verzog sich mit mir zum Eisenbahnspielen in mein Zimmer. Wenn das auch nicht half, setzten wir uns ins Auto und fuhren durch die Waschstraße. Anschließend ging es mir dann in der Regel besser und Mama war auch wieder entspannt und gut gelaunt.

Tante Else, der Dackel Henry und das Stirnhirnlächeln

Durch Papas geschickte Ablenkungsmanöver entdeckte ich übrigens eine außerordentlich interessante Sache. Und zwar, dass Mama auch dann noch da ist, wenn ich sie gerade nicht im Blick habe. Vorher war mir das irgendwie nicht bewusst. Auslöser für diese wichtige Erkenntnis war übrigens mein Stoffhund Willy, der mir hinter meine Spielzeugkiste gerutscht ist. Plötzlich wusste ich, dass er noch da ist und lediglich von der Kiste verdeckt wird. Also griff ich einfach dahinter und zog den etwas eingestaubten Willy wieder hervor. Diese neue Errungenschaft verdanke ich meinem Stirnhirn. Genauer gesagt, meinem sich entwickelnden Kurzzeitgedächtnis, das sich übrigens auch für meine täglichen Exkursionen als überaus nützlich entpuppt hat. Ich weiß jetzt immer, woher ich kam und wohin ich eigentlich wollte. Sehr hilfreiche Geschichte.

Je sicherer ich wusste, dass Mama und Papa tatsächlich noch da waren, umso weniger musste ich mich ständig über ihre Anwesenheit vergewissern. Und umso mehr bekam Mama ihre Freiheiten zurück. Entsprechend freut sie sich jetzt immer sehr, wenn ich nach einem meiner Ausflüge mal wieder bei ihr vorbeischaue. Wenn ich zu lange wegbleibe, beginnt sie mich mit einem alarmierten Gesichtsausdruck zu suchen. Woher weiß sie bloß immer gleich, wenn ich etwas besonders Interessantes und entsprechend Verbotenes entdeckt habe?

Meine frisch entdeckte Liebe und Zuneigung gilt natürlich auch meinen Omas und Opas. Allerdings nehme ich hier klare Abstufungen vor. Aber sie haben bestimmt Verständnis dafür, dass Mama und Papa gerade einfach nicht zu schlagen sind. Trotzdem finde ich es jedes Mal große Klasse, mit Opa im Garten Fangen zu spielen oder mit Oma spazieren zu gehen und die Enten zu füttern. Und natürlich von ihnen wie auch von Mama und Papa stundenlang gedrückt, geknuddelt und gekitzelt zu werden.

Ich habe jetzt das deutliche Gefühl, dass meine Bindung an euch etwas ganz Einzigartiges, Besonderes und Verteidigenswertes ist. So sehr ich eure Nähe und Schmuseeinheiten genieße, umso weniger kann ich nämlich entsprechende Übergriffe von außen leiden. Unsere Nachbarin Tante Else kommt mir beispielsweise bei jeder Begegnung unangenehm nah und will mich dann sogar noch auf den Arm nehmen und küssen. Ich wehre mich da jedes Mal lautstark und heftig. Mama ist das ein bisschen unangenehm, schließlich versorgt Tante Else immer gewissenhaft unsere Pflanzen, wenn wir nicht da sind. Neulich hat mir Mama erzählt, dass ich als Baby sogar einmal auf ihrem Arm eingeschlafen bin. Schlimme Vorstellung aus heutiger Sicht. Damals, noch so ganz ohne Stirnhirn, habe ich offenbar jede und jeden an mich herangelassen. Aber die Zeiten sind nun vorbei. Das gilt auch für Tante Else. Das einzig Erträgliche ist ihr Dackel

Henry. Der ist schwer in Ordnung. Von ihm würde ich mich sogar küssen lassen. Aber das erlaubt Mama aus hygienischen Gründen nicht.

Trotz meiner heftigen Gegenwehr im Hinblick auf Tante Elses Kussattacken sickert bei mir langsam die Erkenntnis durch, dass ich meinen Gefühlen nicht immer freien Lauf lassen kann. Schließlich will ich der Chef über meine Gedanken und mein Handeln werden und meinen Gefühlen nicht länger hilflos ausgeliefert bleiben.

In der letzten Woche bekam ich dann gleich Gelegenheit dazu, meine neuen Nervenzellnetze in meinem Stirnhirn zu testen und ein bisschen Selbstbeherrschung zu üben. Durch eine Verkettung ungünstiger Umstände musste ich nämlich einen ganzen Nachmittag allein mit Tante Else und Henry verbringen: Papa war geschäftlich unterwegs, die Omas und Opas waren verreist beziehungsweise verabredet, und Mama musste dringend zum Arzt und gab mir unmissverständlich zu verstehen, dass sie mich keinesfalls mitnehmen kann. Also fügte ich mich resigniert in mein Schicksal und schaffte es sogar, Tante Else zur Begrüßung freundlich anzulächeln. Dank Henry war der Nachmittag dann sogar einigermaßen erträglich. Wir teilten uns brüderlich die Schokoladenkekse, die mir Tante Else aus einem unerschöpflichen Vorrat anbot, und spielten Fangen.

Als mich Mama am frühen Abend endlich wieder abholte, waren wir beide wieder einmal sehr stolz auf mich. Tante Else lobte überschwänglich, wie brav ich doch gewesen sei, und ich fand sie mit einem Mal gar nicht mehr so schlimm (natürlich habe ich mich zum Abschied trotzdem nicht küssen lassen).

Ich bin jetzt sehr stolz auf meine neu gewonnene Selbstbeherrschung, die mir sicherlich noch so manchen Vorteil im Leben einbringen wird. Seitdem nenne ich das neue, unehrliche Lächeln mein »Stirnhirnlächeln«. Ich mache das inzwischen schon ganz gut, und der Unterschied zu meinem echten, »limbischen Lächeln«, das mich immer überkommt, wenn ich zum Beispiel Mama oder Papa sehe, ist kaum noch zu erkennen.

Die Sache mit der Erinnerung

Inzwischen bin ich schon 1½ Jahre alt und denke ein bisschen über die vergangenen Zeiten nach. Ich habe doch schon eine ganze Menge erreicht in meinem Leben, oder was denkt ihr? Nun gut, ich habe noch einen langen Weg vor mir. So kann ich zum Beispiel noch immer nicht vernünftig mit Messer und Gabel umgehen, und bis ich mir die Schuhe selbstständig zubinden kann, werden auch noch ein paar Jahre vergehen. Ich weiß auch noch nicht, was eine quadratische Gleichung ist oder was Lohnersatzleistungen sind. Auf der anderen Seite habe ich aber mit Hilfe meines Gehirns inzwischen Beachtliches vorzuweisen. Kaum zu glauben, dass es erst sechsundzwanzig Monate her ist, als sich gerade meine Hirnbläschen ausbildeten. Inzwischen habe ich die Geburt überstanden, stehe auf meinen zwei Beinen, kann laufen und lerne jede Minute meines Lebens etwas Neues.

Seit meiner Geburt zieht mich alles Neue magisch an, und ich brenne darauf, Dinge zu lernen. Altbekanntes finde ich dagegen schnell langweilig (natürlich mit Ausnahme von Mama und Papa). Zwar habe ich nicht die leiseste Ahnung, wie das funktioniert, aber eins ist sicher: Ich habe die Fähigkeit, Dinge wiederzuerkennen, und zwar schon seit langem. Ich habe also ein Gedächtnis.

Während ich hier sitze und überlege, schnappe ich ein paar interessante Gesprächsfetzen von Mama und Papa in der Küche auf. Es geht mal wieder um alte Geschichten. Beide erinnern sich offenbar noch ganz gut an ihre Einschulung und diverse Geburtstags- und Weihnachtsfeiern. Außerdem können sie sehr anschaulich schildern, was sie Schlimmes angestellt haben (sieh mal einer an!) und wie sie dafür bestraft wurden. So musste Papa für Opa einmal den ganzen Garten umgraben, nachdem er verbotenerweise versucht hatte, Opas neues Auto aus der Garage zu fahren.

Schließlich versuchen sie sich an irgendetwas zu erinnern, als sie so alt waren wie ich. Aber es fällt ihnen beim besten Willen nichts ein. Nach einer Ewigkeit kramt Papa schließlich eine Geschichte aus seiner Kindergartenzeit hervor (dabei gehe ich doch noch gar nicht in den Kindergarten). Er erinnere sich nicht mehr an die Einzelheiten, sagt er, aber er sehe immer noch das Bild seiner Kindergartenleiterin Schwester Edelburg vor sich. Jeden Morgen kam sie mit atemberaubender Geschwindigkeit und flatterndem Ordensgewand auf dem Fahrrad angefahren und alle Kinder waren von diesem Anblick schwer beeindruckt.

Zum Glück habe ich alle meine Eindrücke und Erlebnisse aufgeschrieben. Unvorstellbar, dass ich mich später an Ereignisse vor meinem fünften oder sechsten Lebensjahr gar nicht mehr erinnern kann. Ehrlich gesagt finde ich das schon verwirrend. Immerhin kann ich doch jetzt schon Dinge wiedererkennen! Sonst könnte ich ja wohl

kaum Neues von Altem unterscheiden, oder? Schon als
Säugling, lange bevor ich sprechen konnte, habe ich zum
Beispiel einzelne Wörter wiedererkannt. Ich habe dann
immer die neuen Wörter, die ich noch nicht kannte, viel
interessanter gefunden als die bekannten. Das kann dann
doch später nicht alles wieder weg sein. Die ganze Sache
ist recht verwirrend, findet ihr nicht?

Eintritt in die Zeit

Ich kann euch beruhigen. Inzwischen bin ich dem Geheimnis meiner Erinnerung ein bisschen auf die Schliche gekommen. Es gibt nämlich nicht DAS eine Gedächtnis, sondern verschiedene Gedächtnisformen. So verfüge ich, genau wie ihr, über ein aktives und ein passives Gedächtnis. Mein passives Gedächtnis umfasst meine Fähigkeiten, zu fühlen, Dinge wahrzunehmen, mich zu bewegen, meine Gewohnheiten und meine unbewusste Gefühlswelt. Alle einmal erworbenen Fertigkeiten und Fähigkeiten werden hier gespeichert und ich kann bei Bedarf unbewusst darauf zugreifen. In meinem aktiven Gedächtnis befinden sich dagegen alle bewussten Erinnerungen. Mit Hilfe dieses Gedächtnisses konnte Papa also das Bild seiner Kindergartenleiterin auf dem Fahrrad abrufen. Und mir hat es geholfen, meinen Willy wiederzufinden und zu wissen, dass Mama auch dann in Reichweite ist, wenn ich sie gerade nicht im Blick habe.

Ungefähr seit meinem achten Monat hier draußen experimentiere ich mit diesem aktiven Gedächtnis herum. Das war die aufregende Zeitwende, als sich meine Großhirnrinde in mein Gefühlsleben einzumischen begann. Vorher funktionierte das bei mir nach dem »Decke-überdem-Kopf«-Prinzip: Was ich nicht sehen konnte, existierte für mich schlicht und ergreifend nicht. Damals fehlte mir noch mein Kurzzeitgedächtnis. Inzwischen kann ich darauf zurückgreifen und mich seitdem in meiner Umgebung wesentlich besser orientieren. Alle meine praktischen Fähigkeiten haben dadurch einen gewaltigen Sprung nach vorne gemacht.

Das Kurzzeitgedächtnis konnte Papa aber nach all den Jahren sicherlich nicht dabei helfen, Schwester Edelburg in Erinnerung wieder auferstehen zu lassen. Dazu musste er ohne Frage auf sein Langzeitgedächtnis zugreifen. Und genau hier liegt mein Problem. Ein Langzeitgedächtnis kann ich zurzeit einfach noch nicht bieten. Zumindest keines für bewusste Erinnerungen. Meine Gedächtnisentwicklung ist nämlich auch hier sehr eng mit der Entwicklung meiner Nervenzellsysteme und entsprechenden Verknüpfungen meines limbischen Systems verbunden. Verkörpert der Mandelkern an der Spitze des Schläfenlappens mein emotionales Gedächtnis, so ist der sogenannte »Hippocampus« im mittleren Teil des Schläfenlappens untrennbar an mein Langzeitgedächtnis gekoppelt. Für mein Gedächtnis spielen natürlich auch noch andere Regionen in meinem Gehirn eine wichtige Rolle, unter anderem mein Frontalhirn, das sich als letzte Komponente auch des Gedächtnisbildungssystems entwickelt.

In meinem limbischen System beginnen sich jetzt gerade die ersten Verbindungen zu entwickeln, die meine Gefühlswelt mit meinem bewussten Langzeitgedächtnis verknüpfen werden. Aus diesem Grunde kann ich mich später auch wesentlich besser an stark emotional besetzte Dinge und Ereignisse erinnern. Wenn das Gleiche auch für Papa gilt, muss ihn Schwester Edelburg mit ihrem Auftritt in der Tat stark beeindruckt haben.

Ich kann es also drehen und wenden, wie ich will: Tatsache ist, dass meine bewussten Erinnerungen ohne eine hinreichende Entwicklung der zugrundeliegenden Funktionssysteme meines Gehirns einfach nicht in den Langzeitspeicher meines Großhirns gelangen können und somit für immer verloren gehen. Erst um die Zeit meiner Einschulung herum werde ich mit Hilfe meines Stirnhirns die Dinge und Ereignisse um mich herum in einen ordnenden Zusammenhang bringen und mich durch Erinnerungen selbst erkennen können.

Die Welt als Buch

Heute habe ich sechs Kerzen ausgeblasen. Und das Haus war wieder voller Gäste. Zur großen Freude von Oma eins kann ich jetzt einigermaßen gesellschaftsfähig mit Messer und Gabel umgehen. Die Schuhe kann ich mir jetzt auch selbst zubinden. Den Gesprächen bei Tisch kann ich besser folgen, als ihr glaubt. Und ich hasse es, wenn dabei über mich gesprochen wird, als sei ich nicht anwesend. Mit wie immer etwas zu lauter Stimme tönte Oma: »Nun beginnt bald der Ernst des Lebens, nicht wahr?« Natürlich meint sie die Schule. Das ist zurzeit ein Dauerthema bei uns. Inzwischen bin ich auch sehr gespannt, was mich dort wohl erwarten wird! Aber der Ernst des Lebens? Vielleicht meint sie, dass es jetzt vor allem darauf ankommt, die richtigen Chancen zu bekommen, um sie dann zu packen und zu nutzen. Wenn sie das meint, dann freue ich mich auf die Schule. Denn ich spüre ganz deutlich, wie mein Bewusstsein erwacht und ich jetzt Stoff brauche, mit dem ich weitermachen kann. Was ich dafür brauche, sind wirklich gute Lehrer. Die besten. Und zwar sofort, nicht erst später. Was nutzen mir irgendwann Elitehochschulen, wenn mir jetzt Elitegrundschulen verwehrt werden?

Vielleicht meint Oma mit dem Ernst des Lebens aber auch, dass meine All-inclusive-Freizeitkinderzeit nun zu Ende ist und es ans Arbeiten geht. Liebe Oma, du weißt offenbar nicht, was mein Gehirn und ich in den zurückliegenden sechs Jahren alles geleistet haben. Sonst würdest du wohl eher sagen, dass wir es jetzt ruhig etwas langsamer angehen lassen können. Wie meilenweit habe ich mich von dem hilflosen kleinen Embryo, Fötus und Baby entfernt, die ich vor noch gar nicht so langer Zeit war, und wie wenig fehlt mir im Vergleich dazu noch, bis ich erwachsen bin wie ihr?

Wie sehen jetzt also meine Startbedingungen für meine bevorstehende Ausbildungsphase aus, nachdem meine Entwicklung im Wesentlichen abgeschlossen ist? Mit viel Glück, und vor allem mit Hilfe von Mama und Papa, habe ich es geschafft: Ich bin motorisch fit, emotional gebildet und habe meine Regungen ganz gut im Griff. Zudem bin ich hochmotiviert, lernbegeistert, sozial kompetent, recht klug und ich lasse mir so schnell kein X für ein U vormachen. Ich kenne den Unterschied zwischen Schein und Wirklichkeit. Ich kann logisch denken und möchte Verantwortung übernehmen. Ganz gut für den Anfang, oder? Ich kann nur hoffen, dass ich all diese Startbedingungen im Weiteren optimal ausbauen und einsetzen kann.

Mein wichtigster Wegbegleiter bleibt auch weiterhin mein Stirnhirn, das sich zurzeit heftig entwickelt. Diese Entwicklung wird noch bis in die Zeit nach meiner Pubertät anhalten. Bis jetzt sind in meinem Stirnhirn noch nicht einmal die Spitzenwerte der synaptischen Verknüpfungsdichte erreicht. Das wird erst so weit sein, wenn ich in die zweite Klasse komme. Danach werden sich aber in meinem Stirnhirn die Feineinstellungen der Nervenzellnetze fortsetzen. Im Prinzip habe ich jedoch schon jetzt alles, was ich brauche. Mein Gehirn hat nahezu sein Endgewicht erreicht, viel fehlt nicht mehr.

Jetzt muss ich nur noch sicherer, schneller, effizienter und klüger werden. Eine im Vergleich zu meinem bisherigen Werdegang aber relativ leicht zu bewältigende Aufgabe. Vorausgesetzt ich bekomme, was ich jetzt dringend brauche: eine wirklich optimale Schule mit vielen Angeboten, die meinen Hunger nach Neuem stillen und mir nicht den Appetit aufs Lernen verderben. Deshalb übertreibt es bitte nicht. Ich brauche eine Spitzenschule, aber natürlich nicht den ganzen Tag. Ich brauche nämlich auch weiterhin meine Mama und meinen Papa, meine Freunde, viel Freiraum und Freizeit und vor allem auch solche Lebensräume, die ich alleine und mit meinen Freunden erleben und verändern kann. Ich bin bereit!

Glossar wichtiger Begriffe

angepasst: Vorgänge im Gehirn betreffend, die auf eine möglichst optimale Anpassung an Umweltbedingungen ausgerichtet sind.

Assoziation: Verknüpfung von Bewusstseins- oder Gedächtnisinhalten, Vorstellungen, Ideen oder Konzepten; wichtige Funktion für das Erinnern und für angepasstes Verhalten.

Assoziationsgebiete: Bereiche, in denen Informationen aus den Sinnesorganen und der gesamten Fühlsphäre integriert werden, so dass Handlungen geplant werden können; auch als sekundäre oder tertiäre Rindenfelder bezeichnet, die den primären sensorischen oder motorischen Rindenfeldern ohne direkte Verbindung zur Außenwelt nachgeschaltet sind.

Axon: Fortsatz der Nervenzelle, an dem Erregungen weitergeleitet werden.

Basalganglien: Ansammlung von Kerngebieten an der Hirnbasis; bilden eine zentrale Funktionseinheit und dienen unter anderem der Erleichterung von willentlichen Bewegungen.

Blut-Hirn-Schranke: Funktion der Blutgefäße im Gehirn;

wirkt als eine Art Schutzschild für das Gehirn; verhindert das Eindringen der meisten schädlichen Substanzen.

Dendriten: stark verzweigter Bereich der Nervenzellen; können baumartige Verzweigungsmuster ausbilden; hier befinden sich die meisten Kontakte mit vorgeschalteten anderen Nervenzellen.

Eltern: riskanter Lebensformtyp; gekennzeichnet durch Unwiderruflichkeit und Vielfalt; es gibt Pflegeeltern, Heimeltern, Ersatzeltern, Doktoreltern, leibliche und beleibte Eltern, Adoptiveltern, Großeltern (aber keine Kleineltern); juristisch: Vater und Mutter im Verhältnis zum Kind; politisch: wichtiges Modul in sozialen Gemeinschaften; genetisch: Spender von Ei- und Samenzelle; biologisch: Mann und Frau, ein auf natürlichem Wege selbst lustvoll gezeugtes und empfangenes Kind liebevoll umsorgend; vielfältig: zum Beispiel Mann und Mann, oder Frau und Frau jeweils gemeinsam oder Mann oder Frau jeweils alleine ein Kind liebevoll umsorgend.

Embryo: Bezeichnung für einen Menschen in der Entwicklung bis zum Alter von etwa zwölf Wochen nach der Befruchtung.

emotional: das Gefühlsleben betreffend.

Endhirnlappen: umfassen vier Bereiche der Großhirnrinde (Stirnlappen, Scheitellappen, Schläfenlappen und Hinterhauptslappen).

Enzo: berühmter Rauhaardackel mit Vergangenheit; muss sich daher mit einem Kurzauftritt unter dem Pseudonym Henry begnügen; lässt einen der Autoren bei sich wohnen.

Fötus: Bezeichnung für einen Menschen in der Entwicklung ab einem Alter von etwa zwölf Wochen nach der Befruchtung bis zur Geburt.

Gliazellen: neben den Nervenzellen zweiter Zelltyp des Nervengewebes; das menschliche Gehirn besteht zu etwa 90% aus Gliazellen und nur zu etwa 10% aus den eigentlichen Nervenzellen; Gliazellen spielen eine wichtige Rolle bei der Ernährung und gegenseitigen Isolation der Nervenzellen.

Großhirn: Das Groß- oder Endhirn bildet den größten Teil des menschlichen Gehirns und den differenziertesten des Zentralnervensystems; es entwickelt sich im Wesentlichen aus den beiden Endhirnbläschen; es ist in eine linke und rechte Hemisphäre geteilt; man unterscheidet das innen liegende Mark (Nervenzellbahnen) von der außen liegenden Rinde, in der sich die Nervenzellkörper befinden.

Großhirnrinde: beim Menschen besonders groß entwickelte äußere Struktur des Großhirns, die in Bereiche mit unterschiedlichen Funktionen (zum Beispiel Hörrinde und Sehrinde) unterteilt werden kann; beherbergt die in Schichten angeordneten Nervenzellkörper (schätzungsweise 10 Milliarden); die Großhirnrinde hat eine Dicke von ungefähr 4 mm und bedeckt fast die gesamte Hirnoberfläche (ungefähr 2.400 cm^2).

Hinterhauptslappen: einer der vier Bereiche der Großhirnrinde (Stirnlappen, Scheitellappen, Schläfenlappen und Hinterhauptslappen).

Hinterhirn: entwickelt sich aus dem Rautenhirn, dem hinteren der drei ursprünglichen Hirnbläschen (von hinten nach vorne: Rautenhirn, dann das Mittelhirn und schließlich das Vorderhirn); aus dem oberen Teil des Hinterhirns entwickelt sich das Kleinhirn.

Hippocampus: Teil des Großhirns und ein wichtiger Bestandteil des limbischen Systems; zeichnet sich durch eine charakteristische nach innen gerollte Form aus, die an ein Seepferdchen erinnert; spielt unter anderem eine zentrale Rolle bei Lernvorgängen und der bewussten Wahrnehmung von Gefühlen.

Hirnbläschen: frühes Entwicklungsstadium des Gehirns, bestehend aus Rautenhirn, Mittelhirn und Vorderhirn.

Hirnstammregionen: verbinden das Gehirn mit dem Rückenmark und umfassen Bereiche des Mittel- und Hinterhirns und des verlängerten Rückenmarks; im Hirnstamm liegen lebenswichtige Zentren, die unter anderem die Herzfrequenz, den Blutdruck und die Atmung kontrollieren.

Induktion: in der Regel stofflich bedingte Auslösung eines entwicklungsphysiologischen Vorgangs; ein wichtiger Mechanismus in der Embryonalentwicklung.

Inputs: durch die Sinnessysteme vermittelte Aktivitätsmuster von Nervenzellnetzen; Übersetzung von Signalen aus der Umwelt in Aktivitätsänderungen der Nervenzellen.

Keimscheibe: frühes Entwicklungsstadium des Menschen vor und während der Induktion der Neuralplatte (bis zur vierten Entwicklungswoche).

Kerngebiete: lokale Ansammlung von Nervenzellkörpern.

Kind: Bezeichnung für einen Menschen, der sich in der Lebensphase der Kindheit befindet; entsprechend der Kinderrechtskonvention der UNO Menschen, die das 18. Lebensjahr noch nicht vollendet haben; im Kinder- und

Jugendhilfegesetz steht: Ein Kind ist, wer noch nicht 14 Jahre alt ist … Jugendlicher, wer 14, aber noch nicht 18 Jahre alt ist; biologisch gesehen würde man das Ende der Kindheit mit dem Einsetzen der Pubertät gleichsetzen (siehe Romeo und Julia); zur Erinnerung: Ein männliches Kind einer Person heißt Sohn, ein weibliches Kind einer Person heißt Tochter.

Kleinhirn: zentrale Struktur der Bewegungskoordination, die größtenteils unbewusst abläuft.

kognitiv: Vorgänge im Gehirn betreffend, die Leistungen wie Wahrnehmen, Empfinden, Erinnern, Denken, Entscheiden, Planen und Bewerten umfassen.

Kurzzeitgedächtnis: auch Arbeitsgedächtnis; hier werden Informationen festgehalten und bewusst verarbeitet; das Kurzzeitgedächtnis dient der Steuerung von Handlungen; hier finden Denkprozesse statt, in die sowohl Informationen aus den aktuellen Wahrnehmungsvorgängen als auch aus dem Langzeitgedächtnis einfließen können; als zentraler Ort des Arbeitsgedächtnisses wird vor allem das Stirnhirn angesehen.

Langzeitgedächtnis: Wissensspeicher eines Menschen mit praktisch unbegrenzter Kapazität; man unterscheidet zwischen dem aktiven und dem passiven Gedächtnis; die Inhalte des aktiven Langzeitgedächtnisses können sprachlich wiedergegeben werden (deklaratives Gedächtnis), während dies für die Inhalte des passiven Langzeitgedächtnisses nicht möglich ist (nichtdeklaratives Gedächtnis); das passive Langzeitgedächtnis umfasst zum Beispiel die erlernten Steuerroutinen für die unbewussten motorischen, aber auch kognitiven Fähigkeiten des Menschen.

limbisches System: komplexe Gruppe von Strukturen; liegt in der Tiefe des Gehirns verborgen und umfasst Teile aller Hirnlappen, zum Beispiel den Hippocampus und den Mandelkern, die mit der Steuerung von Bedürfnissen, Affekten, Stimmungen und Gefühlen zu tun haben.

Mandelkern: Kerngebiet an der Spitze des Schläfenlappens; spielt eine entscheidende Rolle bei der Entstehung und Steuerung von Gefühlen; wird als das Zentrum für angstgesteuertes Verhalten angesehen; außerdem an Lernprozessen und der Gedächtnisbildung beteiligt.

Mantel: bezeichnet die Großhirnrinde, die nahezu alle anderen Teile des Gehirns wie ein Mantel umhüllt.

Migration: aktive Bewegung von Nervenvorläuferzellen zum Ort ihrer Bestimmung, wo sie dann ihre vielfältigen Fortsätze ausbilden, zu echten Nervenzellen werden und sich mit anderen Nervenzellen zu komplexen Netzwerken zusammenschließen.

Mittelhirn: das mittlere der drei ursprünglichen Hirnbläschen (von hinten nach vorne: Rautenhirn, dann das Mittelhirn und schließlich das Vorderhirn).

motorisch: Vorgänge im Gehirn betreffend, die der Bewegung dienen.

Nervenzelle: wissenschaftlich als Neuron bezeichnet; elementarer Bestandteil des Nervengewebes; extrem kommunikative Zelle, die sich mit anderen Nervenzellen zu komplexen Netzwerken zusammenschließt; Nervenzellen empfangen an ihren Dendriten Signale von anderen Nervenzellen, verrechnen diese und senden elektrische Impulse über das Axon an andere Nervenzellen.

Netzwerke: Zusammenschluss von Nervenzellen zu komplexen Netzen.

Neuralplatte: erste sichtbare embryonale Entwicklungsstufe des zentralen Nervensystems; entsteht durch Induktion der äußeren Schicht des menschlichen Keims um den 20. Tag nach der Befruchtung.

Neuralrohr: entwickelt sich zwischen dem 20. und 30. Tag nach der Befruchtung aus der Neuralplatte, die sich der Länge nach zusammenfaltet und so zuerst zur Neuralrinne und dann zum Neuralrohr wird, das sich in den Körper des Embryos absenkt; aus dem Neuralrohr entwickelt sich dann das gesamte zentrale Nervensystem (Gehirn und Rückenmark).

Neurogenese: Entstehung von Nervenzellen durch Teilung von Stammzellen; genau genommen entstehen zunächst sogenannte Vorläuferzellen, die sich nach ihrer Wanderung in die jeweiligen Zielgebiete dort zu erwachsenen Nervenzellen ausformen.

Outputs: Handlungen, die mit Bewegungen der Muskeln komponiert werden; diese werden durch das zentrale Nervensystem gesteuert.

Plastizität: bezeichnet die Eigenschaft von Nervenzellen und deren Netzen zur spontanen wie zur impulsbedingten strukturellen und funktionellen Organisation und Reorganisation.

Plazenta: wichtigstes Organ im vorgeburtlichen Versorgungssystem des Menschen; Bindeglied zwischen mütterlichem und kindlichem Kreislaufsystem.

Rautenhirn: das hintere der drei ursprünglichen Hirnbläschen (von hinten nach vorne: Rautenhirn, dann das Mittelhirn und schließlich das Vorderhirn); entwickelt sich in das Hinterhirn und das nachgeschaltete verlängerte Rückenmark; aus dem oberen Teil des Hinterhirns entwickelt sich das Kleinhirn.

Reflex: Reiz-Reaktions-Kette; ein in der Regel willentlich nicht steuerbarer Prozess des Zentralnervensystems.

Scheitellappen: einer der vier Bereiche der Großhirnrinde (Stirnlappen, Scheitellappen, Schläfenlappen und Hinterhauptslappen).

Schläfenlappen: einer der vier Bereiche der Großhirnrinde (Stirnlappen, Scheitellappen, Schläfenlappen und Hinterhauptslappen).

Sehrinde: umfangreicher Bereich im Hinterhauptslappen des Gehirns; primäres sensorisches Rindenfeld des Sehsystems.

sensorisch: Vorgänge im Gehirn betreffend, die der Sinneswahrnehmung dienen.

Selbstorganisationsprozess: Entwicklungsstrategie des Gehirns, wobei die Steuerung der fortschreitenden gegenseitigen Verknüpfung der Nervenzellen von den Nervenzellen selbst ausgeht; unter anderem dadurch gekennzeichnet, dass jede Änderung des Verschaltungsmusters eines Netzwerkes auf sich selbst zurückwirkt und zum Ausgangspunkt für weitere Änderungen wird; zugleich offen für Signale aus der Umwelt.

Signalstoffe: auch Botenstoffe genannt; dazu gehören zum Beispiel Hormone und Neurotransmitter, aber auch Duftstoffe; Signalstoffe beinhalten keine Signale, sondern werden erst durch eine entsprechende Zelle, die diesen Stoff erkennen kann, zu einem geeigneten Signal, wobei die Bedeutung des Signals dann durch die Art und Weise entsteht, wie die jeweilige Zelle auf den

Stoff reagiert; es ist also nicht so, dass die Signalstoffe bestimmen, wie sich eine Zelle verhalten soll.

Sinnessysteme: Systeme, die unsere Sinneseindrücke, wie zum Beispiel Tasten, Riechen, Schmecken, Hören und Sehen verarbeiten; dazu gehören jeweils alle für den Empfang eines Sinneseindrucks erforderlichen Organe, wie zum Beispiel das Auge, bis hin zu den entsprechenden Nervennetzen im Gehirn.

soziale Kompetenz: Summe der Fähigkeiten eines Menschen, sein Verhalten in der sozialen Gruppe angemessen zu strukturieren; wichtige Schlüsselqualifikation des Menschen.

Stirnhirn: auch präfrontale Assoziationsrinde genannt; in dessen Nervenzellnetzwerken hat das Arbeitsgedächtnis seinen Sitz, und hier finden die Aufmerksamkeitssteuerung, sowie die Planung und Durchführung von komplexen Handlungen statt; hier werden Sinneswahrnehmungen zeitlich und räumlich strukturiert, kontextgerechtes Handeln und Sprechen sowie Verhalten geplant, gesteuert und konkret ausgeführt.

Stirnlappen: einer der vier Bereiche der Großhirnrinde (Stirnlappen, Scheitellappen, Schläfenlappen und Hinterhauptslappen).

Synapse: Kontaktstruktur zwischen zwei Nervenzellen; besteht aus der Präsynapse (Teil der vorgeschalteten Nervenzelle) und der Postsynapse (Teil der nachgeschalteten Nervenzelle); die Synapse ist der Ort, an dem Signale von einer zur anderen Nervenzelle übermittelt werden.

Synaptogenese: Vorgang der Synapsenbildung; Verknüpfung von Nervenzellen zu Nervenzellnetzen.

Thalamus: großes Kerngebiet im Zwischenhirn; auch als »Tor zum Bewusstsein« bezeichnet; hier werden alle einlaufenden Sinnesqualitäten mit Ausnahme des Geruchssinns auf Nervenzellen umgeschaltet, die die Signale an die Großhirnrinde übermitteln.

Umwelt: wird im weitesten Sinne als Summe aller Rahmenbedingungen verstanden, die mit einem biologischen System, zum Beispiel einer Zelle oder einem Gehirn, interagieren können; so ist für eine Zelle ein erkanntes Botenstoffmolekül, das von einer anderen Zelle abgegeben wurde, ein Signal aus ihrer Umwelt, so wie ein akustisches Signal, das über das Ohr an die Hörrinde des Gehirns vermittelt wird, ein Signal aus der sozialen Umwelt eines Menschen sein kann.

Vorderhirn: das vordere der drei ursprünglichen Hirnbläschen (von hinten nach vorne: Rautenhirn, dann das Mittelhirn und schließlich das Vorderhirn); aus diesem gehen die beiden vorne liegenden seitlichen Endhirnbläschen und das Zwischenhirn hervor.

Zentralnervensystem: Gehirn und Rückenmark (ZNS).

Zwischenhirn: Teil des Vorderhirns; aus dem Zwischenhirn entwickeln sich unter anderem die Augen; außerdem liegen dort wichtige hormonelle Steuerzentren, zum Beispiel zur Regulation der Nahrungs- und Wasseraufnahme, des Schlafes sowie zur Steuerung des Sexual- und Fortpflanzungsverhaltens.

Das Autorenteam

Dieses Buch ist das Ergebnis einer engen Zusammenarbeit von drei Experten auf unterschiedlichen Gebieten: **Professor Gunther Moll** ist Kinderpsychiater und Leiter der Kinder- und Jugendabteilung für Psychische Gesundheit am Universitätsklinikum Erlangen. Der Entwicklungsexperte beschäftigt sich mit den neurobiologischen und psychosozialen Bedingungen von Verhaltensauffälligkeiten beziehungsweise psychischen Störungen im Kindes- und Jugendalter, der Bedeutung von Umgebungsbedingungen für die kindliche Entwicklung sowie ganz besonders mit der Ausbildung psychischer Gesundheit (www.Kinderkompetenz.com). **Professor Ralph Dawirs** ist Biologe und leitet die Forschungsabteilung der Kinder- und Jugendabteilung für Psychische Gesundheit am Universitätsklinikum Erlangen. Der Gehirnexperte hat sich auf den Bereich der Entwicklungsneurobiologie spezialisiert und erforscht in diesem Zusammenhang besonders die Bedeutung von Umwelteinflüssen auf die nachgeburtliche Ausbildung und Organisation neuronaler Netze im Gehirn sowie des Verhaltens. **Svenja Niescken** ist Journalistin und Psychologin und hat sich als Mitarbeiterin verschiedener psychiatrischer Fachgesellschaften in Deutschland und der Schweiz sowie als Projektmanagerin für den Aufbau eines Kinder- und Jugendzentrums für Psychische Gesundheit ausführlich mit den verschiedenen psychischen Störungen des Kindes- und Jugendalters beschäftigt. Ihr Fokus liegt auf der allgemeinverständlichen Aufbereitung komplexer wissenschaftlicher Zusammenhänge.

Ohne die besonderen Kompetenzen, Erfahrungen und Sichtweisen jedes Einzelnen wäre dieses Buch nicht möglich gewesen. Wir wünschen unseren Lesern so viel Spaß und Erkenntnisgewinn beim Lesen, wie wir es beim Schreiben hatten!

Fragen, Anregungen und Kritik bitte an:

Professor Gunther Moll
Kinder- und Jugendabteilung für Psychische Gesundheit
des Universitätsklinikums Erlangen
Schwabachanlage 6 und 10
91054 Erlangen
gunther.moll@psych.imed.uni-erlangen.de

Skandinaviens meistgelesenes Elternbuch

Das — Anna Wahlgren
KinderBuch

Wie
kleine
Menschen
groß
werden

»Das KinderBuch« unterscheidet sich von allen Ratgebern für Eltern, die es bisher gegeben hat. Hier wird nicht erzählt, welche Fehler Eltern machen.

Vielmehr geht es Anna Wahlgren darum, dass Eltern lernen, ihrer inneren Stimme, ihrer eigenen Vernunft zu vertrauen. Sie traut Eltern Fähigkeiten und Ressourcen zu, die von »professionell« Zuständigen oft unterschätzt werden. Dabei geht sie auf alles ein, was mit der Entstehung eines Kindes bis zu seinem Erwachsenwerden zu tun hat. Ein ausführliches Register macht das Buch darüber hinaus zu einem großartigen Nachschlagewerk.

»Anna Wahlgrens Buch ist ein Glücksfall des Gesprächs über Familie und in seiner unbekümmerten Redeweise ein Solitär. Schon allein wegen dieser ansteckenden Freude am Leben mit Kindern lohnt sich seine Anschaffung. Man wird sich darauf gefasst machen müssen, dass es nicht beim Buch bleibt. Das KinderBuch macht Lust auf eine größere Familie.« FAZ

Anna Wahlgren
Das KinderBuch
Wie kleine Menschen groß werden
Gebunden, 824 Seiten
ISBN 978-3-407-85787-3

BELTZ